Erinnerungsfäden
aus 50 Jahren

*Für meine Enkelkinder
Jessica und Svenja*

Hans-Dietrich Mittorp

Violette Erinnerungsfäden aus 50 Jahren

BONIFATIUS
Druck · Buch · Verlag
PADERBORN

Umschlag: An der Abdinghofkirche; Zeichnung von Josef Dominicus

ISBN 3-87088-895-4

Gesamtherstellung:
Bonifatius GmbH Druck · Buch · Verlag Paderborn

Inhalts-verzeichnis

Geleitwort

Diese Lebenserinnerungen können uns, die wir heute in unserer Kirche in Gefahr sind zu resignieren, Mut machen. Der heute 86jährige Pfarrer Hans-Dietrich Mittorp berichtet von zwei großen Herausforderungen, vor die er in seiner Dienstzeit gestellt war.
Im Unterschied zu den vielfachen Gesamtdarstellungen des Kirchenkampfes im sogenannten „Dritten Reich" erzählt er sehr lebendig, wie er als junger Theologe und dann als Gemeindepfarrer sich in der Auseinandersetzung mit den Deutschen Christen und den Nazis zu bewähren hatte. Durch viele Details und die Schilderung beteiligter Personen entsteht ein sehr anschauliches und wahrheitsgetreues Bild des Kirchenkampfes von unten, nämlich wie er in der Gemeinde und durch den Pfarrer an der Kirchenfront ausgetragen wurde.
Auch der Bericht über den Wiederaufbau der zerstörten Kirchengebäude zeigt, wie durch den gemeinsamen Einsatz von Pfarrer und Gemeinde aus den Trümmern neues Leben erwuchs.
Nicht weniger interessant ist der Bericht, wie Mittorp, nach Irland entsandt, als Auslandspfarrer aus dem Nichts eine schließlich blühende lutherische Kirche sammelt, die evangelische Christen aus vielen Nationen umfaßt und in enger ökumenischer Partnerschaft mit den in Irland heimischen Kirchen steht. Wir erleben durch die lebendige Erzählung das Wachsen dieser Gemeinde mit ihren Stützpunkten auf der „grünen Insel" mit und lernen viele am Aufbau beteiligte Personen kennen. Es ist ein ermutigendes Beispiel, wie auch heute durch die Initiative einzelner die Mitarbeit vieler gewonnen und Kirche gebaut werden kann.

Professor D.Dr. Wilhelm Hahn
Kultusminister a. D., MdEP

Einleitung

„Wie ich dich hasse, meine Heimat du", so bekundete ein Dichter meiner heimatlichen Stadt seine Haßliebe zu ihr. Gewiß hatte mein Gelsenkirchen, die „Stadt der tausend Feuer", nicht das Antlitz alter schöner Städte Westfalens mit ihren historischen Rathäusern und den stattlichen Bauten reicher Bürgerfamilien. Das Bild der schnell gewachsenen Kohlenmetropole war von brennenden Hochöfen, rauchenden Zechenschloten und den düsteren Gebirgen von Schlackenhalden geprägt. Auch das schmutzige schwarze Wasser der Emscher verschönte nicht die Landschaft, soweit sie noch nicht verbaut war. Trotzdem liebten wir jungen Pennäler, motiviert wohl auch von dem aufblühenden Sportverein „Schalke 04", beinahe vorbehaltlos unsere Stadt und verteidigten sie, wo immer wir konnten.

Irische Bergleute hatten die ersten Zechen des Ruhrgebiets abgetäuft und ihnen irische Namen gegeben, u.a. „Erin" und „Shamrock". Mein Schulweg führte täglich an einer Zeche der Bergwerksgesellschaft „Hibernia" = Irland vorbei. Die fremden Namen sagten uns nicht viel und verschwanden aus dem Gedächtnis, aber viel später wurden sie in meinem Leben wieder lebendig, als ich in der Heimat der irischen Bergleute zwölf für mich besonders schöne und bedeutsame Jahre arbeiten durfte.

Schwarze Emscher, schwarzer Kohlenpott. Die Stadt an der Pader, Sitz eines katholischen Erzbischofs, ist im Volksmund sogar mit einem schwarzen Superlativ behaftet. Hier habe ich von 1937 an siebzehn Jahre lang im Dienst meiner Kirche gearbeitet, hier Ökumene erfahren und gestaltet, hier meine Frau gefunden, gelebt, geliebt, gelitten und meine gesamte Habe verloren.

Die lange und stolze Geschichte dieser Stadt ist aufs engste mit der Karls des Großen verknüpft. Hier hielt er nach den Bekehrungskriegen, als Widukind zu den Dänen geflohen war, einen Reichstag ab und gründete über den hellen Quellen der Pader 777 die Salvatorkirche. An der Pader empfing er 799 Papst Leo III., und die Kaiserkrönung im folgenden Jahr wird gewiß hier schon bedacht und besprochen worden sein.

Bischof Meinwerk, Graf zu Geldern, der große Bauherr Altpaderborns, weihte 1031 die Abdinghofkirche. Er war ein Verwandter des sächsischen Kaiserhauses und enger Freund Heinrichs II. und Konrads II. Meinwerk soll des Lateinischen zwar nicht ganz mächtig gewesen sein, aber er war wohl in der Reihe der Bischöfe der größ-

te und hat das Gesicht der Stadt bis in die Gegenwart hinein geprägt.
Über den schwärzesten Tag, den 27. März 1945, kann ich keinen allgemein gültigen Bericht geben, kann nur notieren, was ich gesehen und erlebt habe, wie diese Blätter ja überhaupt nicht Geschichtsschreibung sein wollen. Vielleicht kann mein Bericht hier und da ergänzen, was andere erlebt haben.
Und dann Dublin! Der erste Brief, den ich von dort erhielt, irritierte mich, weil er im Poststempel den Namen einer mir völlig unbekannten Stadt trug: „Baile Atha Cliath". So hatte die junge irische Republik die alte Hauptstadt umgetauft. Die Dänen hatten den Platz einst Dublin genannt, als sie im 9. Jahrhundert am Ufer des Liffey, der „Anna Livia Plurabelle" von James Joyce, siedeln wollten. Dublin, ursprünglich: „Dubhlinn", soll schwarzes Wasser bedeuten. Traf ich auf die schwarze Farbe auch hier, obwohl mich die Stadt in strahlendem Sonnenschein empfangen hatte? Oder hatte das Land zwei verschiedene Gesichter, wie so gerne behauptet wird? Insel der Heiligen und Insel der Rebellen und Revolutionäre?

Im Pfarrhaus Heßler

Im Pfarrhaus in Heßler wurde ich geboren. Dieser Stadtteil Gelsenkirchens war und blieb für mich der schönste der Stadt. Hier waren immer noch zwischen den Fördertürmen und den Kolonien der Bergleute einige Gehöfte in landwirtschaftlichem Betrieb. Hier lockerten noch wogende Ährenfelder die Industrielandschaft ein wenig auf. Hier weideten noch „glückliche Kühe“ auf grünen Wiesen.
Ein Straßenname erinnert an die Tätigkeit meines Vaters. Er hat dort Pfarrhaus und Kirche gebaut, und es scheint mir kein Wunder zu sein, daß meine erste wirklich deutliche Erinnerung mit der Kirche zu tun hat. Ich durfte unsern Küster in den Glockenturm begleiten. Für den heranwachsenden Buben gab es später kein reizvolleres Unternehmen, als ihm beim Glockenläuten zu helfen. Das machte auf dem Kirchenboden ungeheuren Spaß, war aber nicht ganz ungefährlich.
Mein Vater war in seinen Charakterzügen westfälisch geprägt. In Rede und Gestik eher verhalten, fühlte er sich in absoluter Treue seinem Volk, seiner Kirche und seiner Familie verpflichtet. In der Gemeinde versuchte er, den noch in bäuerlichen Grundstrukturen verhafteten Gemeindekern mit den aus dem Osten in das Industriegebiet einströmenden Einwanderern zu verbinden. In diesen Jahren des industriellen Aufbruchs hatten hier evangelische Pfarrer Polnisch zu lernen, um die zahlreichen Masuren betreuen zu können. Parteipolitisch hat mein Vater sich nie betätigt, aber er begünstigte wohl die Gründung christlicher Gewerkschaften. Oft waren die treuesten seiner Gemeindeglieder Kinder aus kirchenfremden Familien, die an seinem Religionsunterricht teilgenommen hatten. In seinen ersten Jahren soll er im Unterricht häufig eine Wendung gebraucht haben, die mich betraf: „Das versteht mein kleiner Hans sogar.“ Er war sehr stolz auf seinen kleinen Hans, aber verlangte auch viel von ihm, vielleicht oft zu viel, wie mir scheinen will, aber hinter allen Forderungen verbarg sich eine warmherzige Güte, die besonders offenbar wurde, wenn sich materielle oder seelische Nöte vor ihm auftaten. Kaum jemand ist da ohne wirksame Hilfe oder Tröstung geblieben.
Meine Mutter hatte sehr jung geheiratet. Sie hatte sich neben aller Arbeit mit der schnell wachsenden Kinderschar ein Faible für Holzschnitzarbeiten bewahrt und führte das gern auf eine erbliche Veranlagung zurück, weil in ihrer Ahnenreihe auffallend viele Männer vertreten waren, die mit Wäldern und Hölzern zu tun hatten: Förster

und Bauleute. Aber es gab natürlich darüber hinaus andere Berufe: Lehrer und Pfarrer und Sälzer aus Soest. Ihr Vater hatte ein Baugeschäft in Iserlohn.
Ihre helfenden und heilenden Hände begleiteten mich, den Ältesten, sicher durch Kinder- und Jugendzeit. Auch hier eine frühe Erinnerung: Ich war von der Fensterbank gefallen und hatte am Kopf eine stark blutende Wunde. Ich schrie mordsmörderlich und sträubte mich durch stärkeres Schreien gegen alle Versuche des Hausmädchens, mir zu helfen. Erst die tröstenden Worte der Mutter konnten mich beruhigen, und als sie mir eine kalte Kompresse auf die blutende Wunde gelegt hatte, war ich wieder ihr normaler lieber Junge. Auch später hat sie in der Gemeinde als Leiterin eines evangelischen Frauenvereins in menschlichen oder sozialen Notständen viele Wunden verbinden und Hilfe bringen können.
Das Arbeitszimmer meines Vaters war durch eine große Glastüre von den eigentlichen Wohnräumen getrennt, und wir waren angehalten, sie jeweils sorgfältig zu schließen, um alle Störungen für meinen Vater zu vermeiden. Meine Mutter hatte gerade eine neue Hilfe und versuchte ihr klarzumachen, daß am Samstagmorgen, wegen der Predigtvorbereitung, besonders auf diese Regel geachtet werden müsse. „Wieso Predigtvorbereitung, Frau Paster", war Linas etwas ungläubige Antwort: „Ich dachte, Ihr Mann hätte studiert!"
Das Pfarrhaus war nach allen Seiten von einem großen Garten umgeben, für uns Kinder ein idealer Spiel- und Tummelplatz, war aber auch mit festgelegten, nicht immer bejubelten Pflichten verbunden: Unkraut jäten und Rasen mähen. Darüber hinaus hatte jedes Kind ein winziges Stück „Eigenland", und wir wetteiferten, wer im Frühjahr die ersten Schneeglöckchen und zu Ostern die ersten Osterblumen vorzeigen konnte.
Ungern denke ich an den ersten Tag in der Schule, die hinter unserm Garten lag. Mein Vater, noch Ortsschulinspektor, hatte mit der Lehrerin vereinbart, daß ich gleich in die zweite Klasse aufgenommen werden sollte. Er nahm mich mit auf den Weg zu seinem Religionsunterricht, öffnete die Tür zur zweiten Klasse, die nebenan lag, nickte der Lehrerin kurz zu und schob mich hinein. Da stand ich nun vor der Klasse, die Mund und Nase aufsperrte, und fing bitterlich an zu weinen. Wie ein rettender Engel stieg Fräulein Seegert vom Pult, nahm mich an die Hand, führte mich mit gutem Zureden zu ihrem Sitz und bemalte mit ihrer roten Tinte, mit der sie gerade arbeitete, meine Fingernägel. Ich bin drei Jahre gern zu ihr in die Schule gegangen.

In Gelsenkirchen verkörperte das Gymnasium an der Kaiserstraße in Schalke die humanistische Tradition: Latein von Sexta, Griechisch von Untertertia an. Durch eine schriftliche Aufnahmeprüfung gelangte man in die Unterstufe. In ihr begann ich Ostern 1918 den dornenreichen Weg bis zum Abitur im März 1927. Ich konnte die Schule mit der Straßenbahn in etwa 35 Minuten erreichen, war aber zu Fuß auf kürzeren Wegen in der gleichen Zeit, mit dem Fahrrad wesentlich schneller am Ziel. Wenn nach dem Läuten der Schelle ein Nachzügler noch in das Gebäude schlüpfen wollte, stieß er auf den Direktor, der ihn, mit dem Hinweis auf die ausgestreckte Taschenuhr, mit mahnenden Blicken begrüßte. Man wußte nie, welche Folgen sich daraus ergeben würden, und verzieh ihm sein Reglement nur, weil er etwa verspäteten Kollegen mit der gleichen Geste begegnete.
Die dunklen Schatten, die die Ereignisse der Kriegs- und Nachkriegsjahre mit ihren Epidemien und Hungerperioden, mit Ruhrbesetzung und Inflationschaos auf meine Gymnasialzeit warfen, konnten die jugendliche Freude am Leben nicht auslöschen, haben aber wohl früh den Blick für soziale Nöte und politische Fragen geschärft. Die Erinnerungen sind lückenhaft und sicher nicht allgemein gültig, aber ich hatte alles in allem auch in dieser schwierigen Zeit eine glückliche Jugend im elterlichen Pfarrhaus mit meinen fünf Geschwistern und mit guten Freunden auf dem Gymnasium.
Während wir uns in der Sexta mit den lateinischen Deklinationen vertraut machten, verbluteten die Soldaten der letzten deutschen Offensive an der Westfront. Dann folgte der Zusammenbruch, und jetzt überstürzten sich die Ereignisse: heimkehrende Soldaten, einzeln und in geschlossenen Formationen, Arbeiter- und Soldatenräte, Demonstrationen, Aufmärsche! Am 8. November 1918 wurde die bayrische Republik ausgerufen, am 9. November die deutsche Republik in Berlin. Als Wilhelm II. sich nach Doorn abgesetzt hatte, erfaßte viele Menschen Ratlosigkeit, andere atmeten erleichtert auf. Meine Eltern sahen sorgenvoll in die Zukunft. Im Frühjahr 1919 begannen die Friedensverhandlungen in Versailles. Linke und rechte Gruppierungen schlossen sich jeweils zu Verbänden zusammen, es kam zu blutigen Zusammenstößen, zahlreichen Streiks und einem Generalstreik. Um die Unruhen in unserer Umgebung besser beobachten zu können, bat ich unsern gutmütigen Küster, mich auf den Turm unserer Kirche zu lassen, der aber wehrte händeringend ab, ich würde nur etwaigen Schützen eine willkommene Zielscheibe bieten.
Auch der Schulweg war unsicherer geworden. Unsere bunten

Schülermützen wirkten hier und da wohl aufreizend auf die Volksschüler, und es kam auf dem Nachhauseweg öfter zu Rangeleien. Damit der einzelne nicht hilflos solchen Prügeleien ausgesetzt war, machten wir die Schulwege, wenn eben möglich, gemeinsam.
Der Schulbetrieb, der bisher trotz allem einigermaßen ungestört weitergegangen war, wurde durch eine böse Grippeepidemie empfindlich gestört. Sie hatte im Ruhrgebiet Zehntausende von Opfern gefordert, und ich selbst konnte eine anschließende Rippenfellentzündung nicht wieder loswerden. Durch einen Luftwechsel sollte ich auf dem Lande Ausheilung suchen, und mein guter Onkel Fritz war sofort bereit, mich auf dem Mittorpschen Stammhof in Herringen aufzunehmen. Nicht Martin Luther oder Albert Schweitzer, das Idol meiner jungen Jahre war mein Onkel Fritz. Er hatte nach dem Tod meines Großvaters den Hof übernommen und regierte ihn mit unnachahmlicher Autorität und Menschlichkeit. Er tolerierte eine Freiheit, die ich zu Hause nicht hatte, und formte gerade dadurch meinen Charakter nachhaltig. Er stellte mir Aufgaben, die auch Risiken in sich bargen, und erwartete selbstverständlich, daß ich nicht feige auswich oder bei Mißlingen mutlos aufgab. So habe ich gelernt, auch Angst zu bezwingen und vor Schwierigkeiten nicht zu kapitulieren.
Um mir mein Klassenziel auf dem Schalker Gymnasium nicht verlorengehen zu lassen, hatte er den katholischen Pfarrer Köhler in Nordherringen gebeten, mir vor allem in der lateinischen Grammatik weiterzuhelfen. Der ausgezeichnete Lateiner half mir erfolgreich weiter und ist mir bis heute als eine der liebenswertesten Gestalten der Schwesterkirche in Erinnerung geblieben.
Mein Onkel Fritz war zwar der Besitzer, im Hause aber führte die Großmutter das Regiment. Sie soll in ihrer Jugend eine der besten Reiterinnen im Kreis gewesen sein und hatte auch im Alter noch eine elastische, fast sportliche Figur. Ihr Wort hatte unangefochtene Geltung. Sie sagte es in westfälischem Platt und sprach hochdeutsch eigentlich nur, wenn Besucher aus der Stadt kamen. Ihre Söhne nannten sie „Mamken", und ich sah sie besonders glücklich, wenn alle vier bei ihr zusammen waren. Sie verfolgte ihr Skatspiel mit Interesse und würzte es mit schlagfertigen witzigen Bemerkungen, die dem Nachmittag eine lockere Heiterkeit gaben.
An den Großvater kann ich mich persönlich nicht erinnern, obwohl ich auf einigen Familienbildern neben ihm stehe. Von 1881-1898 war er Gemeindevorsteher in Herringen. Er gehörte der freisinnigen Partei und dem Kirchenvorstand an. Er beriet wohl auch seinen Pfarrer

in landwirtschaftlichen Dingen und begleitete ihn zu Pferdemärkten in das Münsterland. Einmal, so erzählt die Fama, überraschte ein schweres Gewitter die beiden beim Übersetzen der Fähre über die Lippe. Der Pfarrer rief sehr besorgt: „Wir wollen nun beten!“ Darauf erwiderte der Großvater ruhig bestimmt: „Hol Di am Wiär fast! Pastaur.“ In einem andern Jahr konnte der Pfarrer sich auf dem Pferdemarkt nicht entscheiden und entdeckte an jedem Tier erhebliche Mängel. Dann beschrieb er meinem Großvater, wie sein Wunschpferd beschaffen sein sollte. Darauf antwortete dieser trocken: „So'n Piärdken giff et nich, Pastaur.“

Meine Großmutter hatte mich gern, weil ich der älteste Sohn ihres Lieblingssohnes war, aber sie verwöhnte oder verhätschelte mich nicht. In der Erntezeit benötigte sie für die Ernährung der vielen zusätzlichen Hilfskräfte eine Unmenge Kartoffeln, die zu schälen waren. Jede noch so unvollkommene Hilfskraft hatte daher einzuspringen, da die Mägde mit auf die Felder mußten, und auch ich hatte, bevor ich Onkel Fritz begleiten durfte, mein Soll in Gestalt eines Eimers voll geschälter Kartoffeln bei ihr abzuliefern. Davor bewahrte mich kein Bitten und Betteln, auch nicht die Fürsprache meines Onkels.

Ich bewunderte seine weitherzige Geduld und Gelassenheit, wenn ich mich in landwirtschaftlichen Arbeiten betätigen wollte: im Eggen, Pflügen, wo er auf gerade Furchen Wert legte, im Melken der Kühe, Kälbertränken, im Umgang mit jeglicher Art von Vieh. Ich machte Fortschritte, konnte aber den Standard der Professionellen nicht erreichen. Nur im Kuhstall wies mein Melkeimer die gleiche Menge und Schaumdichte auf wie die der Mädchen, die unsere Arbeit mit herzzerreißenden Moritatengesängen begleiteten. So lernte ich mit Staunen Lieder aus einer mir völlig fremden Welt wie: „Sie war ein Mädchen voller Güte ...“ oder „Lieschen war das schönste Mädchen ...“ oder „In Hamburg, da bin ich gewesen ...“ kennen.

Der Onkel vertraute mir, wohl um mein Selbstgefühl zu stärken, auch schwierige Aufgaben an: Ich hatte die Kühe ohne die Mägde auf die Lippeweiden zu bringen, was mir das erste Mal glänzend mißlang, da die Leitkuh verrückt spielte und die ganze Herde mit sich riß. Ein anderes Mal durfte ich am Bahnhof Hamm Besucher mit der Kutsche abholen, was bei dem Temperament der normannischen Warmblüter nicht ohne prickelnden Reiz war. Mein Onkel unterstützte den Versuch des Bauernvereins, die westfälische Pferdezucht durch Einführung normannischen Blutes zu verbessern. Elegant, mein Lieblingspferd aus diesem Experimernt, verband französisches

Temperament mit westfälischer Zuverlässigkeit. Er hat mir sogar einmal geradezu das Leben gerettet, als er bei einem meiner anfänglichen Stürze durch einen hohen Sprung über mich hinwegsetzte. Als ich Primaner war, vertraute Onkel Fritz mir auch einmal seine Doppelflinte an. In stolzer „Jagdfreude“ marschierte ich mit dem Jagdhund Tell los, der wohl mehr der Flinte als mir folgte, aber wir fanden weder Hasen noch Enten und kehrten ohne Beute zurück.
Der Mittorpsche Hof war das Paradies meiner Jugend, das ich stets beim Beginn großer oder kleiner Ferien mit dem nächsten Zug zu erreichen suchte. Der eigentliche Magnet, der mich anzog, war mein Onkel. Der immerhin stattliche Hof schien mir fast zu klein für seine Lebensart. Im Amte Pelkum und im Kreis Hamm war er über die Gemeinde Herringen hinaus, in der er, wie schon sein Vater, Gemeindevorsteher war, als Züchter und Jäger bekannt und tätig. Die Geschichte des Hofes interessierte mich damals viel zu wenig, aber ich bat den evangelischen Pfarrer doch schon einmal um Einsicht in die Kirchenbücher. Der Hof – daher sein Name – lag in der Mitte des Dorfes zwischen dem Kirch- und Thingplatz auf der einen Seite und dem Schloß in Nordherringen auf der andern. Er gehörte nach einem Steuerbuch der Grafschaft Mark von 1486 zu den am höchsten eingeschätzten Bauernhöfen im Amte Hamm. Urkundlich wird er im Jahre 1392 als Lehen des Grafen Adolf von der Mark erwähnt: „to Myttorpe in dem kerspelle van Heringe.“ Später ging der Hof in den Besitz der Freiherren von Tork auf Nordherringen über. Anfang des 18. Jahrhunderts gerieten die Freiherren von Tork in wirtschaftliche Schwierigkeiten und mußten verkaufen. Zuletzt wurde der Tischler Böckmann aus Hamm Besitzer des Hofes. Seine Tochter heiratete 1780 den Pächter Mittorp, der dadurch Hofbesitzer wurde.
Zurück auf dem Gymnasium, fand ich die alten Mitschüler mit den alten Aufgaben, aber neu war u.a. das Briefmarkensammeln in Mode gekommen. Da ich mich damals für das Leben in Übersee zu interessieren begann, war ich bald ein eifriger Sammler aller Marken außerhalb unserer Grenzen. Unerwartet gewährte unser freundlicher Postbote Hilfestellung, der, wenn er Auslandsbriefe abzuliefern hatte, um Überlassung der Marken für mich bat.
In jenen Tagen stieß ich beim Blättern im „Daheim“ meiner Mutter auf einen Beitrag eines Herrn Blank von der Kaffeeplantage „Finca Santa Clara“ aus Guatemala über Heilmittel der Ureinwohner. Ich entschloß mich, ihm zu schreiben, bezog mich nur kurz auf seine Mittel und bat ihn, da er doch ein Menschenfreund zu sein scheine, ob er

mir nicht einige Marken überlassen könnte. Tag um Tag wartete ich nun, wenn ich aus der Schule kam, ob Post von jenseits des Ozeans gekommen wäre, und als ich die Hoffnung schon fast aufgegeben hatte, kam wie das große Los die Antwort mit etwa 100 Briefmarken und einer Einladung, ihn zu besuchen, wenn er in einigen Wochen in Deutschland in seinem Haus in Güstrow seinen Urlaub verleben würde.

Die 14 Tage im Hause Blank waren für mich ein großartiges Erlebnis. Ich konnte meinem freundlichem Gastgeber stundenlang zuhören, wenn er von den Indianern auf seiner Finca erzählte. Seine Frau war eine fürsorgliche Gastgeberin, seine beiden Kinder Sofita und Ulrico, mit mir etwa gleichaltrig, wurden schnell sympathische Kameraden. Es ist oft merkwürdig, was das Gedächtnis aus der Erinnerung entläßt und was es behält: vergessen der großartige Dom mit seinen Kunstschätzen, behalten aber das Bild der klappernden Störche auf den Dächern der alten Häuser, der abendliche Gang zum Bahnhof, wo die Jugend flanierte und die Abendzüge erwartete.

Der Einladung nach Güstrow 1920 folgte im nächsten Jahr eine zweite für 14 Tage nach Warnemünde, in die Herr Blank großzügig auch meinen Bruder Gerd einschloß. Das unbekannte Leben im Hotel Janzen und am Strande erschloß sich mir wie ein Traumerlebnis so sehr, daß ich den Entschluß faßte, Hotelbesitzer zu werden. Wir badeten in der Ostsee, bauten um den Strandkorb eine stolze Burg und bewunderten die Wasserflugzeuge, die damals in Mode kamen. Der Höhepunkt unseres Badelebens aber waren die Ankunft und Abfahrt der Eisenbahnfähre. Das Verschieben der Waggons, das Kommen und Gehen der Passagiere aus aller Herren, vor allem der skandinavischen Länder, zwischen Trelleborg und Warnemünde war eine bisher völlig unbekannte und nun unerschöpfliche und viel zu schnell sich verflüchtigende Augenweide.

Das Jahr 1923 war mit seiner galoppierenden Inflation für meine Eltern unter den schwierigen Zwanzigern wohl das schwierigste, während wir Schüler unbesorgter, eher mit einer prickelnden Neugier die erregenden Ereignisse begleiteten. Das Jahr hatte trotz Arbeitslosigkeit und Hunger relativ ruhig begonnen, und auch der Schulbetrieb verlief, wie gewohnt, in normalen Bahnen. Lediglich die Pausen gestalteten sich bewegter. Wir präparierten nunmehr nicht nur Livius und Homer, tauschten nicht nur Bücher und Briefmarken, sondern diskutierten lebhaft wie nie zuvor die politische Lage.

Wie eine Bombe platzte dann die Ruhrbesetzung in unsern Alltag, als

französische Verbände in Gelsenkirchen einmarschierten und auch unsere Schule beschlagnahmten. Wir waren plötzlich obdachlos geworden und fanden Aufnahme in den Räumen des Realgymnasiums, in die wir uns mit der Schwesterschule bis zur Räumung unseres Gymnasiums im Herbst 1925 zu teilen hatten.
Das Ruhrgebiet war vom übrigen Deutschland während der Besetzung hermetisch abgeschlossen, und unsere Verbindung mit dem Hof in Herringen nur über die Zoll- und Grenzstation in Dortmund-Scharnhorst möglich. Hier hatten alle Passagiere in einer langen Reihe, nachdem sie ihre kleinen Habseligkeiten auf langen Tischen ausgebreitet hatten, auf die Erlaubnis zur Weiterfahrt zu warten. In den Ruhrwäldern wußten Einheimische auch um eine grüne Grenze, die mein Vater einmal benutzte, um ganze 5 Pfund Mehl zu uns hereinzubringen. Eine rasende Inflation verschärfte die Härten der Rationierung der Lebensmittel. Am 1. Oktober, Geburtstag meines Vaters, konnte meine Mutter nur mit allergrößter Mühe die Zutaten für einen Geburtstagskuchen zusammenbekommen. Der Kurs des Dollars betrug an diesem Tag 240 Millionen Mark, vier Tage später 590 Millionen, am 15. Oktober fast 3 Milliarden und am 15. November 2,50 Billionen Mark (tausend Milliarden = 1 Billion). Wenn das monatliche Gehalt meines Vaters ankam, hatten wir Kinder sofort auszuschwärmen, um in den nächstliegenden Geschäften die allernotwendigsten Lebensmittel einzukaufen. Wenige Tage später hätte man für das ganze Monatsgehalt nur noch 1 Pfund Margarine erstehen können. Gelegentlich gab es auch einen Glücksfall. Auf dem Schulweg hatte ich entdeckt, daß es in einer Schalker Bäckerei nichtrationiertes Rübenkraut zu kaufen gab, pro Person höchstens 1 Pfund. Wir alle eilten, jeder mit einem Töpfchen, zu der Bäckerei, reihten uns, um nicht als Geschwister aufzufallen, getrennt in die Schlange ein und kamen glückstrahlend mit der Beute von 4 Pfund Rübenkraut nach Hause. Der Brotaufstrich für viele Tage war gesichert.
Ziegen und Schafe, die sogenannten Bergmannskühe, waren in den Zechenkolonien von Heßler zusätzliche Milchlieferanten. Irgendwie war es meinem Vater gelungen, ein Lamm zu bekommen, das ich zu versorgen hatte und zunächst neben meinen Kaninchen und Hühnern in einem Verschlag unterbrachte. Mit Hilfe des Küsters glückte mir dann die Fertigung eines ganz ansehnlichen Stalles mit Raufe und Trog. Schaf Mimi gedieh ausgezeichnet, gab aber nie die erhoffte Milch und war eines Tages zu meinem Leidwesen plötzlich verschwunden, die Fleischversorgung der Familie aber war für Wochen

merklich verbessert. Für die Frischeier der Küche sorgte mein Hühnervolk. Die ersten zwölf Küken hatte mir schon vor der Franzosenzeit Onkel Fritz geschenkt, und zusammen mit Bruder Gerd brachte ich die lebendige Fracht in eigens bereiteten Kartons mit Luftlöchern in einem überfüllten Vierter-Klasse-Abteil ohne Verluste nach Gelsenkirchen.
Die Viehwirtschaft des Pfarrhauses wurde nach der Einführung der Rentenmark 1924 aufgegeben, mir blieb nur meine treue Schäferhündin Freia, die ich als kleines Hundebaby geschenkt bekommen hatte.
Durch die kluge Politik Gustav Stresemanns besserte sich die politische Lage von Jahr zu Jahr. Deutschland konnte selbständig Verträge schließen und wurde in den Völkerbund aufgenommen, und die Kirchen bemühten sich, die durch die Inflation heraufbeschworenen Schäden in sozialem Einsatz zu beheben oder wenigstens zu bessern.
Das evangelische Jugendamt organisierte einen vierwöchigen Gastaufenthalt erholungsbedürftiger Ruhrkinder in ostpreußischen Familien, und zu Beginn der großen Ferien befand ich mich mit drei meiner Geschwister in einem Sonderzug von Gelsenkirchen nach Königsberg. Dieser Zug hatte den damals vieldiskutierten polnischen Korridor, von Schneidemühl bis Elbing, mit geschlossenen Fenstern unter polnischer Bewachung versiegelt zu durchqueren. Wir alle vier trafen es gut, mich nahm ein junges Ehepaar aus der Machandeldynastie Stobbe in Tiegenhof auf ihrem Rittergut „Grünwiese" auf und ließ mich an ihrem Leben teilnehmen, das mich zunächst irritierte, aber zugleich mir prickelnd und anziehend erschien, wenn z.B. das Mittagessen, fast immer mit Freunden und Gästen, täglich festlich zelebriert wurde. Junge Mädchen in schwarzem Kleid, in weißer Schürze und mit Rüsche servierten die einzelnen Gänge. Nach dem Essen, an dem auch immer der Verwalter, zwei Eleven und das Kinderfräulein teilgenommen hatten, versammelten sich die Damen zum Kaffee auf der Veranda, die Herren zum Wein und zur Zigarre im Herrenzimmer oder am Billardtisch. Für die Zigarre war ich noch nicht ausersehen, aber nach vier Wochen war ich ein ganz leidlicher Spieler, der die Bälle über die Bande dirigieren konnte.
Mein Zimmer lag in dem sogenannten Kavalierhaus, das rechtwinklig zum Herrenhaus lag. Von hier aus konnte ich meine Zuneigung zu allem Getier in einer großartigen Vielseitigkeit betätigen, wie das auf Mittorps Hof so nicht möglich gewesen wäre. Der Hausherr lud mich bei seinem täglichen Ritt über die Felder fast immer ein, ihn auf seinem Araber mit meiner Trakehnerstute „Zitrone" zu begleiten.

Solche Ritte vergißt man nicht, zumal wenn man sich gerade von Rilkes „Weise vom Leben und Tod des Cornett Christoph Rilke“ hatte begeistern lassen. Auch in die Hauptstadt nahm Herr Stobbe mich in seinem modernen Wagen, einem roten Steyr, gerne mit. Er war mit Geschäften, Verhandlungen und Sitzungen oft viele Stunden in Anspruch genommen, und ich konnte ohne Zeitdruck mich in Königsberg umsehen. Mich interessierten natürlich der Dom und das Schloß, gelegentlich auch die Universität, immer aber Gräfe und Unzer, damals als größte Buchhandlung Deutschlands bekannt.
Das Dorf Grünwiese bestand eigentlich nur aus den kleinen Häuschen der Instleute, die eine Kuh und Kleinvieh in einem neben ihrem Haus liegenden Stallgebäude halten durften. Ich hatte wenig Gelegenheit, mit ihnen in Berührung zu kommen, auch Inspektor und Verwalter hatten keine Zeit für mich, wohl aber der Stallmeister der Reitpferde, der auch meine Zitrone zum Ausritt sattelte. Unvergessen ist mir der Wandspruch an seinem Pferdehaus:

„Schöne Frauen, edle Pferde, sie sind teuer,
kannst du wählen, nimm die Pferde, sie sind treuer.“

Zeit für mich hatte auch das hübsche Kinderfräulein aus Danzig. Sie las oder rezitierte Gedichte von Agnes Miegel, ihrer ostpreußischen Heimatdichterin, mit der sie befreundet oder sogar verwandt zu sein schien. Auch der Obergärtner Paslak war mir freundlich zugetan. Er nahm mich in seine Gewächshäuser mit und konnte erzählen, wie ich noch nie jemanden hatte erzählen hören: nicht nur von exotischen Pflanzen und Tieren, sondern auch von Hexen, Trollen und Geistern in den Schichauschen Waldungen und von Meereswundern im Frischen Haff. In der Nähe der Burg von Balga lag auch unser Bahnhof Ludwigsort. Dort war ich angekommen, von dort mußte ich wieder abfahren, um mich in Heiligenbeil dem Sammeltransport anzuschließen. Der Abschied von Ostpreußen wurde mir gar nicht leicht, aber endete tröstlich mit einer erneuerten Einladung für das nächste Jahr.
Die bisher mögliche Befreiung vom Mündlichen bei guten schriftlichen Ergebnissen war vom Oberschulkollegium aufgehoben worden. Jeder Abiturient war in jedem Fach prüfbar, hatte aber ein Wahlfach frei. Ich wählte Geschichte und wurde außerdem in Griechisch geprüft. Mit einem gut bestandenen Abitur beschloß ich am 27. März 1927 die im ganzen nicht unflotte Zeit auf dem Schalker Gymnasium, von dem mit einem nicht undankbaren Rückblick Abschied genommen werden soll.

In den Flegeljahren sahen wir den Schulalltag als eine verordnete, aber ständig gefährdete Arbeitsgemeinschaft. Die Lehrer, manche denen der Feuerzangenbowle nicht ganz unähnlich, mühten sich, uns belehrend in ihre Vorstellungen einzuführen, operierten mit Versprechungen und Taktik, versuchten auch mit Strafen und Demütigungen zu zwingen. Sie hatten die Druckmittel, aber auch wir fühlten uns nicht machtlos, leisteten passiven Widerstand, hatten etwa ausnahmslos jegliches Schreibmaterial „vergessen", wenn wir mit einer vorher nicht angekündigten Klassenarbeit in der ersten Stunde überrascht wurden.

Einige Originale bewegten sich sozusagen zwischen den Fronten. Der katholische Religionslehrer, der auch Lateinunterricht gab, stand uns jovial-wohlwollend gegenüber, war aber sehr ungeschickt und hatte dauernd mit Disziplinschwierigkeiten zu kämpfen. Er war der einzige Lehrer, der mit sich handeln ließ und durch eine Neubewertung einzelner Fehler ein Mangelhaft in ein schwaches Genügend verwandelte. Diese wirklichkeitsfremde Gutmütigkeit reizte zu immer phantasievolleren Begründungen, die die Verhandlungen oft bis zum Pausensignal ausdehnen konnten. Entdeckte er bei der Schulhofaufsicht einen seiner Religionsschüler, der mit uns vor der Pforte ein Eis erstehen wollte, mahnte er ihn, faßte ihn auch wohl beim Ärmel: „Junge, Junge, den Groschen hat dir die Mutter doch sicher für den Bonifatiusverein gegeben."

Der Griechischlehrer, von Güstrow nach Schalke versetzt, sah sich im Kollegium isoliert, vielleicht ein Grund für seine Freundlichkeit uns gegenüber. Er liebte plakative, oft komische Vergleiche. Als mir beim Übersetzen einer Homerstelle die Bedeutung von gala nicht einfallen wollte, wies er auf die Schweizer Schokolade „Galapeter" hin. „Peter ist der Hersteller, und Gala heißt dann natürlich ..." Beim Anblick dieser heute selten gewordenen Schokolade denke ich noch immer an den alten Professor. Wenn es mir gelang, ihn auf sein Güstrow anzusprechen, konnte er seiner eigenen Erzählfreudigkeit nicht widerstehen, und für uns war die Stunde gerettet. Er strahlte gewiß keine Autorität aus, forderte auch kaum eine ein, aber hatte nie Schwierigkeiten mit der Disziplin.

Das Klima änderte sich in den oberen Klassen. Wir hatten Lehrer von wissenschaftlichem Format, die sich für verhinderte Universitätsprofessoren hielten. Einer von ihnen: Es gibt nur drei Könige im Reich der klassischen Sprachwissenschaft: Ulrich von Wilamowitz-Möllendorff, Eduard Norden und dann na ja ... Unsere Lehrer haben uns je-

denfalls Ovid und Horaz, Homer und Sophokles kennen und lieben gelehrt. Bei übernationalen Begegnungen in späteren Jahren habe ich erfahren, wie beglückend es sein kann, wenn in der gemeinsamen Kenntnis der Klassiker sich europäische Verbundenheit offenbart.
Der evangelische Religionsunterricht ließ uns auch in akademische Weiten auf religionswissenschaftlichem und kirchenhistorischem Feld Einblicke tun. Er hat uns kaum nachhaltig beeindruckt, obwohl es manchmal interessante Erörterungen gab, wie die unvergessene Debatte über die Religionspolitik des hochgelobten Großen Kurfürsten, der seine Glaubensbrüder großzügig aufnahm, aber den lutherischen Paul Gerhardt aus Amt und Stadt vertrieb.
Die Kirche und ihre Ordnungen in Morgen- und Abendgebet gehörten zu unserem häuslichen Leben wie Essen und Trinken. Der sonntägliche Besuch des Gottesdienstes war uns ganz selbstverständlich, ohne daß je von den Eltern ein Zwang oder eine Nötigung angewandt wurde. Als der Sekundaner dann Nietzsche gelesen hatte, auch gelegentlich in der Kirche Langeweile spürte, nahm er aus familiärem Verantwortungsgefühl auch weiterhin regelmäßig daran teil. Auch das Interesse blieb, wurde später sogar wieder stärker, der Primaner wollte die Kirche gern lebendiger, auch politisch einflußreicher, mir waren die Leute des evangelischen Volksdienstes in den Parlamenten sympathisch, und die Gedanken Friedrich Naumanns fand ich gut, liebäugelte auch mit einem theologischen Studium, wenn auch nicht mit einem Pfarramt. Im Familienrat äußerte ich einmal den Wunsch, Journalist zu werden, stieß aber auf einhellige und strikte Ablehnung. Wir einigten uns dann auf das Jurastudium, da es ja verschiedene Möglichkeiten im Justiz- oder Verwaltungsdienst oder der Kirche offenhält. So steht denn auch im Abiturzeugnis vermerkt: „Er will Jura studieren."
Auf den Weg nach Bonn machte ich mich frohgemut und voller Erwartung. Ich freute mich nach den vielfachen Zwängen der Schuljahre auf die akademische Freiheit. Immer deutlicher und bis zuletzt auf der Fahrt nach Bonn fühlte ich, daß ich an einer entscheidenden Wende stand, und fragte mich, ob ich wohl in der Juristerei die Antwort auf meine Fragen finden würde.
Nach der Ankunft stieß ich zufällig auf einen Bekannten, der im 4. Semester Theologie studierte, mir von der Schönheit seines Studiums vorschwärmte, und – selbst über mich überrascht – meldete ich mich bei den Theologen und auch in der philosophischen Fakultät an. Ich habe auch in späteren Jahren, wie in einem sechsten Sinn, spontan

aus dem Augenblick heraus wesentliche Entscheidungen getroffen. Es war dann wohl so, daß ein innerer Kompaß Weisung erteilt hatte, einen anderen Weg zu gehen. So hat es wohl Hermann Hesse gemeint:

„Es muß das Herz bei jedem Lebensrufe
Bereit zum Abschied sein und Neubeginne,
Um sich in Tapferkeit und ohne Trauern
In andre, neue Bindungen zu geben.
Und jedem Anfang wohnt ein Zauber inne,
Der uns beschützt und der uns hilft, zu leben."

Kirchenjurist sollte ich werden, hatte mein Vater mir angeraten. Die bedauerliche Tatsache, daß mir musikalische Begabung fehlt, sah er als einen schwerwiegenden Mangel für den Pfarrerberuf an. Nachdem ich mich zur Theologie angemeldet hatte, bat er mich dingend, in dieser ihn beunruhigenden Angelegenheit den Dekan der Fakultät um Beratung zu bitten, und hegte dabei wohl die geheime Hoffnung, mich wieder in die Vorhöfe der Jurisprudenz zurücklocken zu können. Der so befragte Dekan hörte geduldig auf mein Anliegen, sah mich wohlwollend an, im Neuen Testament sei doch an keiner Stelle davon die Rede, daß die Apostel musikalisch gewesen seien, er selbst sei es auch nicht. Ob mir das genüge? Natürlich genügte mir das! Ich ließ mich für das theologische Studium in die theologische und philosophische Fakultät einschreiben.

Studium und Examina

Mein sich sorgender Vater äußerte auch Bedenken gegen meinen Eintritt in die Turnerschaft Germania, der er selbst einst angehört hatte, da die einflußreichen Männer in der westfälischen Pfarrerschaft und Kirchenleitung dem Wingolf oder einer anderen mehr oder weniger theologischen Verbindung angehörten. Was die Corps für die Juristen bedeuteten, ermöglichten fachgebundene Verbindungen für den Theologen, gute Beziehungen! Mein Vater hatte mit seiner Schau übrigens recht. Ich konnte trotz guter Examina bei der westfälischen Kirchenleitung nie Persona grata werden, habe mich allerdings auch nie darum bemüht. Zu den Bischöfen der lutherischen Landeskirchen fühlte ich mich eher hingezogen.

Freilich war die Mitgliedschaft in einer schlagenden Verbindung auch damals wie eine Medaille, die zwei Seiten hat, aber man darf das Problem nicht aus der Sicht von heute angehen. Ich war als einziger Theologe unter Juristen und Medizinern in jedem Fall der Gefahr entronnen, mich in Fachsimpeleien einigeln zu lassen, und habe meine schöne Verbundenheit mit den Bundesbrüdern bis zum heutigen Tage auch als eine Aufgabe angesehen.

Es ergab sich übrigens einmal, daß ich mit einem Theologiestudenten einer befreundeten Verbindung zu fechten hatte, und habe mir später oft gedacht, wenn alle theologischen Auseinandersetzungen nach den gleichen Regeln des Respekts und der Fairneß ausgetragen würden wie unser sportliches Kräftemessen im Kreuzen der Klingen, hätte es in unserer Kirche mit ihrem sprichwörtlichen Theologengezänk

weit weniger Ärgernisse gegeben. Nach dem Neubeginn hat meine Turnerschaft in den sich wandelnden Strukturen unserer Gesellschaft nach neuen Formen studentischen Verbindungslebens gesucht und 1950 auf die Bestimmungsmensur verzichtet.
Die Verpflichtungen einer studentischen Verbindung gegenüber fördern nicht gerade den Kollegbesuch, aber sie hindern ihn auch nicht. Freilich sind eine disziplinierte Tageseinteilung und beharrliche Ausdauer unbedingte Voraussetzung. Die theologischen Vorlesungen von Professor Goeters, wenig ansprechend vorgetragen, hinterließen kaum eine Spur, aber der Sprachunterricht in Hebräisch von Professor Meinhold war interessant, und dank seiner ausgezeichneten Methodik konnte ich schon nach einem Semester das Hebraicum mit einer guten Note hinter mich bringen. Die germanistischen Vorlesungen von Professor Walzel, schon damals überfüllt, führten gut in die deutsche Literaturgeschichte ein.
Da meine jüngeren Geschwister auch studieren wollten, hatte ich kein Semester zu verschenken und wechselte daher nach drei Semestern von Bonn nach Berlin, wo die Wohnungssuche schon damals außerordentlich schwierig war. Mein Vetter Fritz, der in Berlin sein Jurastudium fortsetzen wollte, und ich fanden schließlich nach tagelanger beschwerlicher und enttäuschender Suche eine Bleibe im vierten Stock eines „Gartenhauses" in der Artilleriestraße bei einer Urberlinerin, Edelkommunistin und kaisertreu.
Die Friedrich-Wilhelm-Universität hatte damals europäischen Ruf und zog gerade auch in der theologischen Fakultät ausländische Studenten an. Sie war hochrangig besetzt: Lietzmann für das Neue Testament, Bertholet und Sellin für das Alte, Reinhold Seeberg für die Dogmatik, der Schweizer Ulrich Stutz für Kirchenrecht. Ich habe bei ihnen theologisch arbeiten gelernt. Ganz überragend aber war der Eindruck, den der betagte Adolf von Harnack in einem Seminar über den ersten Klemensbrief auf uns machte. Er war der letzte große Universalist, hatte in allen Fakultäten promoviert und war Gründer und Präsident der Kaiser-Wilhelm-Gesellschaft. Sein Testat in meinem Kollegheft habe ich lange wie einen kostbaren Schatz gehütet.
Freilich lebte ich nicht nur in der akademischen Luft, gern besuchte ich auch Reichstagssitzungen, wenn mir der westfälische Präses Koch zum Eintritt verhalf. Als Angeordneter konnte er Gäste einführen, und ich erlebte einmal eine aggressive Auseinandersetzung zwischen Klara Zetkin und Karl Severing.
Wir verpflegten uns in der Mensa und bei Aschinger, wo man bei

Bier und Brötchen für wenige Pfennige satt werden konnte. Ganz selten langte es auch zu einem Besuch im Wintergarten, bei Kempinski und in den Zillestuben, und auch das Krokodil und der stramme Hund in der Friedrichstraße waren uns nicht ganz unbekannt.
Wegen nahenden Examens siedelte ich nach dem Berliner Semester in das schwarze Münster über und habe mich dort auch bei den theologischen Lehrern Karl Barth und Wilhelm Strählin recht wohl gefühlt. Den Höhepunkt bildete freilich das Seminar von Otto Piper über die „Reden über die Religion an die Gebildeten unter ihren Verächtern" von Schleiermacher. Ich sollte darüber promovieren, aber Piper stand unter politischem Druck, mußte Deutschland verlassen und übernahm nach kurzer Zwischenzeit in Wales eine Professur am Princeton Theological Seminary.
Nach Ablieferung der schriftlichen Arbeiten für das Examen „pro licentia concionandi" erwartete uns die theologische Prüfungskommission, zu der die Professoren Piper, Herrmann und Grützmacher gehörten, im alten Konsistoriumsgebäude am Domplatz in Münster. Hier sollten wir zwei Klausuren schreiben und eine mündliche Prüfung in acht Einzelfächern vom Alten Testament bis zur Kirchenmusik ablegen. Wir bedauerten sehr, daß der bei uns beliebte Generalsuperintendent Zöllner die Prüfung nicht mehr leiten konnte. Das Thema der zweiten Klausurarbeit „Bibel und Offenbarung" lag mir sehr, und es verhalf mir zu einem guten Gesamtprädikat.
Zur ersten Einführung in die Praxis in einem halbjährigen Lehrvikariat wurde ich Pfarrer Erdmann in Kirchlengern zugeteilt. Er führte ein gastfreies Haus, das einem Taubenschlag glich. Seine vier Söhne im Alter von 18-25 Jahren sorgten für Leben und Probleme, die die mütterliche Hand der Pfarrfrau meist zu lösen vermochte.
Der Hausherr führte den Vikar in die verschiedenen Disziplinen der praktischen Theologie ein, zu denen die Seelsorge ebenso wie die Bienenzucht gehörten. Zeitlebens bin ich ihm dafür dankbar geblieben, daß er sich weigerte, mir mein Manuskript der ersten Predigt vor dem Gottesdienst zurückzugeben. Ich war so gegen Wunsch und Willen gezwungen, völlig frei zu sprechen. Dieses mir anfangs sehr hart erscheinende Vorgehen hat mich für immer beim Vortragen zu einer Freiheit vom Manuskript befähigt und sich sehr ausgezahlt.
Bei einem Hausbesuch, zu dem mein Lehrmeister mich mitnahm, vermochte die Bäuerin die Ausführungen Erdmanns aus einer Predigt vor zwei Jahren fast wortwörtlich wiederzugeben. Die Predigt war im Ravensberger Land gewiß nicht mehr die einzige, aber immer

noch eine wesentliche Informationsquelle der Gemeinde und betonte fast immer die Einheit von Lehre und Leben. Das Ravensberger Luthertum aber lebte aus Wort und Sakrament, und Erdmann hat mich immer wieder auf Wilhelm Löhe hingewiesen: „Ein reiches sakramentliches Leben ist ein lebendiges Buch, aus welchem unter geschickter Leitung auch der Alberne weiser und frömmer werden kann." Die Sterblichkeit war in Kirchlengern infolge der ungesunden Verhältnisse in der Zigarrenindustrie, die noch weithin auf Heimarbeit beruhte, sehr hoch. Hier erlebte ich zum ersten Mal, wie Christen getrost, sogar fröhlich sterben können.

Auf einem Pfarrkonvent in Herford, an dem ich teilzunehmen hatte, erfuhr ich im September 1931, daß mein Lehrvikariat am 10. Oktober zu beenden sei und ich mich am 14. Oktober im Domkandidatenstift zu Berlin zur weiteren Ausbildung einzufinden habe.

Der Nachtzug, der mich aus meiner Heimatstadt Gelsenkirchen auf der alten Köln-Mindener Strecke nach Berlin brachte, traf sehr früh am Bahnhof Friedrichstraße ein, zu früh, um sich schon im Domstift anmelden zu können.

Beim Betreten des Wartesaals entdeckte ich zur großen Überraschung Gerhard Klose, der mit einem großen Koffer wie ich dem gleichen Ziel zustrebte. Ich hatte beim Examen in Münster neben ihm gesessen, und wir hatten uns auf Anhieb hervorragend verstanden. Obwohl wir uns im Studium nie getroffen hatten, entwickelte sich eine lebenslange Freundschaft, die sich bis heute bewährt hat. Ich wurde auch Pate bei seiner Tochter Barbara, die heute in München und darüber hinaus eine bekannte Kirchenmusikerin ist und ganz ökumenisch in lutherischen und katholischen Kirchen ihre Chöre dirigiert.

Das Domkandidatenstift beherbergte 24 junge Theologen, die aus den alten preußischen Provinzen beordert waren und halbjährlich zur Hälfte ausgewechselt wurden. Trotz aller theologischen, politischen und landschaftlichen Verschiedenheiten wuchsen wir zu einer fröhlichen Lebensgemeinschaft zusammen. Unser oberster Dienstherr war der geistliche Leiter der altpreußischen Union, Präsident Dr. Burghart, der auch im Stift wohnte. Er pflegte abends kurz nach 10 Uhr noch einmal durch alle Flure zu wandern, um sich durch die zum Putzen herausgestellten Schuhe von der ruhenden Präsenz aller Insassen zu überzeugen. Es passierte schon mal, daß unsere Schuhe auf seine Inspektion warteten, auch wenn ihre Träger noch lange nicht im Bett lagen.

Dr. Burghart wurde von einem Ephorus und zwei Adjunkten unterstützt. Eine Johanniterschwester sorgte für die Hausordnung und präsidierte bei den Mahlzeiten. Vor- und nachmittags wurde theologisch gearbeitet. In allen Disziplinen wurden regelmäßig Referate gefordert. Das sogenannte Ketzergericht war wenig beliebt, wenn unsere Predigten vor und von dem Präsidenten unbarmherzig zerpflückt wurden.
Auch der Religionsunterricht an Volksschulen in Moabit und Pankow war unangenehm. Die Klassen befanden sich im rüdesten Flegelalter und machten sich ein Vergnügen daraus, uns hereinzulegen. Auf die Frage, was das Evangelium sei, gab es die Antwort: „Is det nich ne neue Zahnpasta?" Wobei die Gegenfrage durchaus ehrlich gemeint sein konnte.
Die Domgemeinde war eine lebendige Personalgemeinde, besaß aber für ihre Glieder in den Außenbezirken nur ein veraltetes Register mit Namen von Leuten, deren Vorfahren einmal dazugehört hatten, die aber selbst keinerlei Interesse mehr an der ererbten Kirche zeigten. Wir Kandidaten sollten die „Karteileichen" besuchen und motivieren. Einen überzeugten Marxisten aus dem Wedding, der auf meiner Liste stand, hatten die sich jährlich wiederholenden Besuche geärgert, und er verbot mir kurzerhand das Betreten seiner Wohnung. Es war das erste und blieb das einzige Mal, daß ich bei einem Gemeindebesuch abgewiesen wurde.
Wir spürten aber auch die Kraft des Evangeliums in eindrucksvollen Gottesdiensten, die wir freilich lieber in der überfüllten Kirche von Professor Fendt besuchten als im Dom in der für uns reservierten Loge.
Unvergessene Eindrücke hinterließ auch die psychologisch gut vorbereitete Arbeit der Berliner Stadtmission am Halleschen Tor, die sich der Alkoholiker und Dirnen besonders annahm, und ebenso der in unserer Nähe gelegene Zirkus Busch, in dem der General der Heilsarmee die Berliner Halbwelt auf die Bußbank nötigte.
Gelegentlich erfaßte uns auch der Frust, eine Art Stiftskoller, der sich in jugendlichem Übermut abreagierte. Wir überraschten uns dann mit Budenzauber oder auch an heißen Tagen mit einem nassen Schwamm an den Flurecken. Dabei wurde einmal versehentlich der erste Adjunkt, als er unerwartet schnell die Kurve nahm, voll ins Gesicht getroffen. Leider hatte er nicht die Gabe, auch nach gebührender Entschuldigung, darüber großzügig hinwegzusehen.
Berlin bedeutete für uns nicht nur die theologische Arbeit in unserm

Stift, wir hatten teil an dem Zauber dieser wunderbaren Stadt, in der noch das Gold der zwanziger Jahre glitzerte. Sie erschien uns wie ein herrliches europäisches Varieté, unter dessen Tanzfläche freilich schon Bomben auf ihre Explosion warteten. Wir glaubten sie leise ticken zu hören, wenn wir in den Betrieben von Siemens und Sarotti die sozialen Strukturen der Industriegesellschaft vor Augen hatten, hörten ihr Ticken deutlicher, wenn wir turbulente Reichstagssitzungen von der Tribüne beobachteten oder am Bülow- und Alexanderplatz Demonstrationen mit Thälmann oder Goebbels erlebten, die in blutige Krawalle ausarteten.

Von uns 24 Domstiftsinsassen gehörte keiner irgendeiner organisierten Partei oder Gruppierung an. Wir beobachteten daher das immer brisanter werdende politische Geschehen aus einer gewissen Distanz, aber bei unseren Diskussionen in einer sozialpolitischen Arbeitsgemeinschaft, die ich zu leiten hatte, waren alle politischen Schattierungen vertreten. Ich selbst kam aus der national orientierten Vorstellungswelt meines Elternhauses, pendelte dann in den letzten Semestern der Universität zwischen der freisinnig-demokratischen Haltung meines Großvaters und den religiös-sozialen bis sozialistischen Ideen meines akademischen Lehrers Otto Piper.

Wir hatten weder für die Nazis noch für die Kommunisten irgendwelche Sympathiegefühle, aber im August 1932 erschütterte uns eine Begebenheit, die sich in Oberschlesien ereignete: Vier SA-Leute hatten einen Reichsbannermann in viehischer Weise zu Tode getrampelt. Sie wurden dafür von einem ordentlichen Gericht zum Tode verurteilt. Dann geschah das Unglaubliche, daß Hitler mit unflätigen Worten das Gericht beschimpfte und den Mördern ein Huldigungstelegramm schickte, in dem er sie zu Märtyrern hochstilisierte.

Schlaglichtartig wurde uns klar, daß Hitler nicht nur jedes Gefühl für eine unabhängige Rechtsprechung fehlte, sondern daß er auch von einem vor keinem Mord zurückschreckenden Fanatismus besessen war. Ich habe Hitler von diesem Augenblick an nicht einen Funken von Verständnis entgegenbringen können, und sein Mördertelegramm hat mich vor späteren Fehlentscheidungen bewahrt.

Von allen Außenstellen und Ausflügen kehrten wir gern in die wohltuende Geborgenheit unseres Stiftes zurück, das an der Oranienburger Straße im Schatten der anglikanischen Kirche wie eine Oase des Friedens lag. Unsere Nächte waren freilich nicht ungestört, da in dem benachbarten Hauptpaketpostamt ununterbrochen die Pakete ein- und aus- und umgeladen wurden. Ich habe mich später nie nach dem

Leben im Stift zurückgesehnt, aber in den ersten Nächten wieder zu Hause vermißte ich fast mit Bedauern die auf- und abschwellende Geräuschkulisse des Paketamtdienstes.
Noch in Berlin waren uns vor der Entlassung die Papiere für das zweite Examen ausgehändigt worden. Während wir nun in der Heimatkirche uns darauf vorbereiteten, in den Bibliotheken fleißig Kommentare wälzten und zu Hause Kirchen- und Dogmengeschichte büffelten, hatte Hitler die Macht ergriffen, und kurz darauf versuchte er mit Hilfe der Deutschen Christen, einer neuen, 1932 gegründeten Glaubensbewegung, die evangelischen Kirchen gleichzuschalten.
Wenige Wochen nach der Machtergreifung wurden wir zum Examen „pro ministerio" vom 19.-22. 4. 1933 in Münster aufgefordert. Wiederum lag mir das Thema der zweiten Klausurarbeit: „Gibt es theologische Normen für die Verfassung der Kirche?" – eine grundsätzliche Frage der Dogmatik und doch im Blick auf die kirchenpolitische Lage von unerhörter Aktualität und eine ideale Vorbereitung für den Beginn der Arbeit in einer Gemeinde und die Auseinandersetzung mit den Deutschen Christen.
Nach dem sehr gut bestandenen Examen wurde ich zur Ableistung des Hilfsdienstjahres zunächst dem Pfarrer Lindemann in Dortmund St. Reinoldi überwiesen. Hans Lindemann, er kannte eine Tante von mir, empfing mich mit großer Herzlichkeit, stellte mir vertrauensvoll Amt und Haus zur Verfügung und eröffnete mir bei einem Glas Wein, er fahre morgen in Urlaub, ich sei ja Pfarrerskind und wisse, wo der Weg langgehe.
Anderntags sah ich mich unbarmherzig eingespannt in den Streß und die Routine eines großstädtischen Pfarramtes. Trotz meiner von Lindemann vermuteten Vorkenntnisse stand ich vor vielen Dingen hilflos, hilflos auch bei der ersten Beerdigung, weil völlig unsicher, welchen der vielen Knöpfe ich zu bedienen hatte, um den unsichtbaren Organisten oder die noch nicht gegenwärtigen Träger zu verständigen oder den Sarg für die Feuerbestattung versinken zu lassen. Noch viele Jahre hat mich die Vorstellung, den richtigen Knopf zu verfehlen, gelegentlich in meinen Träumen verfolgt.
Unvergessen ist auch ein Dortmunder Taufgottesdienst, bei dem der unerfahrene Vertretungsküster vergessen hatte, das Taufwasser bereitzustellen. Hilfsbereit wußte eine Hebamme Rat: „Döpen Se män dröge." „Dat kann hei doch nich maken", sagte ihre Kollegin und hatte damit den Nagel auf den Kopf getroffen.

Kirchenkampf

Nach der Machtübernahme hatte sich auf der politischen Bühne ein unvorstellbarer Wandel vollzogen. Ein enthusiastischer Taumel hatte das deutsche Volk erfaßt und war bis in kirchlichste Kreise vorgedrungen. Die Ein- und Übergriffe der Deutschen Christen, oft von SA und Partei unterstützt, wurden dreister, die Bekenner konterten meist mit passivem Widerstand unter der Losung „Kirche muß Kirche bleiben". Präses Dr. Koch mahnte und warnte, keinen Platz zu räumen und keine Position aufzugeben. Die preußischen Generalsuperintendenten fielen der Reihe nach um, wie Bäume vor dem Windbruch, mit Ausnahme des tapferen und unbeugsamen Bischofs Dibelius in Berlin.

Ich hatte mich an Hans Asmussen in Altona gewandt. Aus seinem Antwortbrief vom 7. Juni 1933: „Im Augenblick ist nichts anderes zu tun, als daß jeder an seinem Ort in Treue arbeitet und der Gemeinde deutlich macht, daß die Kirche lediglich und allein nach dem Worte Gottes orientiert werden darf."

Wir Hilfsprediger hatten noch kein Pfarramt zu verteidigen, sollten und wollten uns aber für das Bekenntnis der Kirche einsetzen. Aber für welches? Das Bekenntnis Luthers, Calvins, Schleiermachers oder einfach für die Bibel, wie die ernsten Bibelforscher, die tapfer ihre Köpfe hinhielten? In den beginnenden Auseinandersetzungen wurden Bruchstellen aus der Geschichte in der Gegenwart der altpreußischen Union offenbar, die in den kommenden Jahren an Bedeutung gewannen.

Die ersten Verhöre und Verhaftungen waren Alarmsignale, die Pfarrer schlossen sich enger zusammen. Von Berlin aus sandte Martin Niemöller Fürbittenlisten und bereitete die Gründung des Pfarrernotbundes vor. In Dortmund rief Karl Lücking die Theologen, die sich mit Entschiedenheit gegen die Deutschen Christen wehrten, zusammen.

Da im Juni 1933 ein einheitliches Vorgehen aller, die die Deutschen Christen ablehnten, noch nicht möglich war, wir aber glaubten, daß schnell gehandelt werden müsse, fanden 19 von uns Theologen sich zu einem engeren Kreis zusammen, der beschloß, nicht nur bei den örtlichen Stellen, sondern auch bei den höchsten Instanzen zu protestieren. Wir einigten uns auf gleichlautende Telegramme, die an den Reichspräsidenten von Hindenburg, Reichskanzler Hitler, Reichsminister Frick und Kultusminister Rust geschickt wurden, mit unseren

Unterschriften. Das Telegramm hatte folgenden Wortlaut: „Eingriff des Staates in die durch Reichsverfassung und Regierungserklärung verbürgte Freiheit und Selbständigkeit der Kirche weckt in unseren Gemeinden Verwirrung. Wir bitten um sofortige Wiederherstellung der Freiheit der Kirche zu ihrem gottgewollten Dienst an Volk und Vaterland."
Die Wahlen zu den kirchlichen Körperschaften im Juli 1933 ergaben trotz massiver Eingriffe der Partei und einer aufputschenden Führerrede am Abend vor der Wahl in unseren Dortmunder Gemeinden und weithin auch in Westfalen mit wenigen Ausnahmen eine große Mehrheit der bekennenden Christen.
Die neugewählte Provinzialsynode wählte Präses Dr. Koch wieder zu ihrem Vorsitzenden. Er war in Westfalen jetzt der geistliche Leiter, der entsprechend der Verfassung rechtmäßig gewählt war, der gegenüber dem uns vom Staat aufoktroyierten Bischof von Münster, Adler, den Anspruch erhob, allein für die geistliche Leitung der Provinzkirche verantwortlich zu sein. Der Kirchenkampf begann jetzt ein Kampf der Kirchenleitungen zu werden, feindlich einander gegenüberstehend wie Papst und Gegenpapst im Mittelalter.
Bei einer Besprechung im Pfarrhaus Lindemann erreichte mich ein Bescheid des Konsistoriums vom 26. August 1933, der mich nach Oberfischbach im Siegerland versetzte. Handelte es sich nicht um eine absolute Gedankenlosigkeit der Behörde, sei das ja wohl eine Strafversetzung, meinte Lindemann. Es könne mir aber auch eine Falle gestellt sein. Würde ich den Dienst in einer bekenntnisverschiedenen Gemeinde antreten, hätte ich meinen Bekenntnisstand, auf den ich mich immer beriefe, selbst relativiert. Mein Widerstand gegen die DC könnte dann ja auch wohl nicht bekenntnismäßige, sondern müßte politische Gründe haben und dann entsprechend beurteilt und behandelt werden.
Unter Hinweis auf die Bekenntnisdifferenz lehnte ich ab und wurde daraufhin sozusagen in die Höhle des Löwen zur Vertretung des Pfarrers Adler nach Weslarn im Kreis Soest versetzt. „Wir veranlassen Sie, sich wegen Ihres Dienstantritts mit Herrn Pfarrer Adler, zur Zeit beim evangelischen Konsistorium Münster, Domplatz 3, ins Benehmen zu setzen."
Ich setzte mich mit Adler, der sich im Konsistorium bischöfliche Funktionen anmaßte, in Verbindung. Er wollte mich sofort ordinieren, was ich strikt ablehnte. Ich war aber bereit, in Weslarn den Dienst am 1. Oktober anzutreten, wenn mich der zuständige Superin-

tendent Clarenbach nach lutherischer Ordnung ordinieren würde. Clarenbach, der den DC ablehnend gegenüberstand, ordinierte mich dann auch wunschgemäß am 19. Oktober 1933 in seiner Kirche zu Borgeln. Meine Eltern konnten zu meiner großen Freude zu meinem Festtag kommen, und mein Vater assistierte bei meiner Ordination.
Die Bördebauern in Weslarn, schwermassig wie der Turm ihrer Kirche aus dem 12./13. Jahrhundert, waren natürlich stolz darauf, daß ihr Pfarrer Bischof geworden war, behandelten mich aber doch sehr freundlich, auch dann noch, als ich in einem Gottesdienst eine Kanzelerklärung Martin Niemöllers verlesen hatte. Die „Bischöfin" freilich änderte sofort ihr Verhalten und informierte ihren Mann umgehend. Postwendend erreichte mich ein erneuter Versetzungsbescheid, der mich aus der Höhle des Löwen herausführte und in die Krallen einer Katze geraten ließ.
Meine „Katze" war eine kleine, fast zierliche Gemeindeschwester in Dortmund-Deusen, einem Pfarrbezirk, der zur Gemeinde Mengede gehörte. Ihr Pfarrer war einer der wenigen Deutschen Christen in Dortmund, ein sehr ehrgeiziger Mann, Dr. phil., der gerne Superintendent werden wollte. Seine für Deusen zuständige Gemeindeschwester war eine fanatische Nationalsozialistin, die nie vergaß, ihr Parteiabzeichen auf ihrer Schwesterntracht zu tragen. Sie wohnte in einem kleinen Appartement im Obergaden der Deusener Kirche. Ihrer Wohnung gegenüber befanden sich zwei kleine Gästezimmer, die sie für den Hilfsprediger hergerichtet hatte. Jeder Besucher wurde registriert, jede Ansprache, jede Predigt mitstenografiert. Täglich radelte sie mit den neuesten Nachrichten zu ihrem Chef nach Mengede.
Mit ihrer emsigen Zuträgerschaft erreichte sie nach wenigen Wochen meiner Tätigkeit, daß das Presbyterium Mengede in Deusen Flugblätter verteilen und von Haus zu Haus tragen ließ. Darin wurde behauptet, das Bekenntnis der Kirche sei durch die Deutschen Christen und die Partei nicht in Gefahr. Wir antworteten mit einem offenen Brief.

Dortmund-Deusen, den 14. April 1934

An das Presbyterium Mengede!

Das Presbyterium Mengede hat in Deusen Flugblätter verteilen lassen, in denen behauptet wird, das Bekenntnis in unserer Kirche sei nicht in Gefahr. In Sorge für unseren evangelischen Glauben und die Wahrheit sehen wir uns genötigt, folgende Fragen zu stellen:

1. *Hält das Presbyterium Mengede es für bekenntnismäßig, wenn der Herr Reichsbischof und die Deutschen Christen als Ziel immer wieder hinstellen: „Ein Volk, ein Staat, eine Kirche"?*
2. *Hält das Presbyterium Mengede es für bekenntnismäßg, wenn ein Mitglied des geistlichen Ministeriums schreibt (wörtlich): „Das Erscheinen Jesu in der Weltgeschichte ist in seinem letzten Gehalte ein Aufflammen nordischer Art"?*
3. *Hält das Presbyterium Mengede es für bekenntnismäßig, wenn bekenntnistreue Presbyterien um ihrer Treue willen aufgelöst werden und rechtmäßig gewählte Pfarrer zu Hunderten abgesetzt werden?*
4. *Mit welchen Stellen aus den Bekenntnisschriften unserer evangelischen Väter gedenkt das Presbyterium Mengede seine Haltung zu belegen?*

Wir erwarten auf unsere Frage keine neuen Gewaltmaßnahmen, sondern geistliche Antwort. Wir sind zu theologischer Aussprache jederzeit bereit.
Die hinter der Westfälischen Bekenntnissynode stehenden Mitglieder des Kirchenvorstandes Deusen-Ellinghausen
gez. Mittorp, Pfarrer, Eckardt, Hauptlehrer, Wilhelm Brinkmann, Heinrich Ewers, Dietrich Schlottmann.

Deusen lag im Dortmunder Hafengebiet, wo neben Lagerhallen und Fabrikgebäuden alte Zechenkolonien das Bild bestimmten, und galt als ein etwas unberechenbarer Stadtteil, vor allem in den abgewohnten Mietskasernen. Es konnte passieren, daß, wenn man am Hauptbahnhof ein Taxi für Deusen bestellte, die Fahrt wegen der nicht ungewöhnlichen Überfälle verweigert wurde. Mein Vorgänger Leopold Schütte hatte gemeinsam mit dem Hauptlehrer Eckardt erreicht, daß unser Gemeindebezirk fast geschlossen hinter seiner Bekenntnisarbeit stand. Seine Tätigkeit hatte auch bei den vielen Kommunisten des Bezirks ein gutes Echo gefunden. Mit ihnen kam auch ich später überraschend gut aus, nicht wenige erklärten sich in den folgenden Monaten bereit, unsere rote Mitgliedskarte zu unterschreiben.
Im eigentlichen Dorfkern lagen, wie ein gepflegtes Relikt aus alter Zeit, vier oder fünf Bauernhöfe, auf denen eigenwillige Bauern nach Vätersitte wirtschafteten. Bauer Stickdorn, Leiter des bäuerlichen Reitervereins und zugleich die zuverlässigste Säule in der bekennenden Gemeinde, wollte mich aus der räumlichen Abhängigkeit von der andauernd mich denunzierenden Gemeindeschwester erlösen und bot mir in seinem alten Bauernhaus eine kleine Wohnung an. Ihm und seiner Frau, die mütterlich für mich sorgte, verdanke ich es, daß ich trotz der unerfreulichen Auseinandersetzungen mit dem DC-

Pfarrer in Mengede die Monate in Deusen zu den schönen Zeiten meines Dienstes rechne.
Meiner scharfäugigen Bewacherin entronnen, war ich zunächst freilich in ein richtiges Mäuseparadies geraten. Im Lauf der Jahre mag sich in meinem Gedächtnis die Zahl der Mäuse nach Mäuseart vermehrt haben, aber es war wirklich unheimlich. Als ich mich am ersten Abend müde schlafen gelegt hatte, fing es in der linken Ecke an zu knabbern und zu knistern, dann hinter mir, dann vor mir. Ich zog das Licht an, es wurde alles ruhig. Ich löschte das Licht, nach wenigen Minuten fing die Knabberei wieder an. Übermüdet schlief ich dennoch ein und wurde bald wieder wach, als es mir über Brust und Hals huschte. Ich zog das Licht an und sah die flinken Mäuse über den Bettpfosten nach unten eilen, um in den nebenan liegenden Kornboden zu entweichen. Was tun?
Stickdorns waren längst zur Ruhe gegangen. Ich fand beim Kanonenofen einen Feuerhaken, legte mich wieder zu Bett, nahm den Haken in die rechte Hand, die Schnur des Lichtschalters in die linke, und dann ging es die ganze Nacht: Licht aus, die Mäuse kamen, Licht an, die Mäuse flohen. Ich versuchte die letzten zu erwischen, konnte natürlich keine erschlagen.
Am andern Morgen großes Hallo beim Frühstückstisch, als ich mein Abenteuer erzählte. Stickdorn schmierte die zahllosen Mäuselöcher sorgfältig zu, und seine erprobten Fallen halfen, den Mäusekrieg in wenigen Tagen siegreich zu beenden.
Ein anderer Krieg nahm ein weniger befriedigendes Ende. Das nur aus Deutschen Christen zusammengesetzte Presbyterium in Mengede hatte meine Abberufung beantragt. Die russischen Zaren verbannten ihre Gegner nach Sibirien, Bischof Adler schickte mich in die kälteste Region Westfalens, nach Winterberg im hohen Sauerland, 800 m hoch gelegen.
Der dortige DC-Pfarrer hatte sich schon den NS-Jargon zu eigen gemacht. „Winterberg, den 11. 5. 34. Herrn Hilfsprediger Mittorp, Dortmund-Mengede. Durch Verfügung des evangelischen Bistums Münster sind Sie unserer Gemeinde zu meiner Vertretung überwiesen. Die Verfügung trägt das Datum des 20. April. Sie sind verpflichtet, sofort Ihr Eintreffen mitzuteilen. In Anbetracht der Lage erwartet das Presbyterium Ihre entsprechende Meldung. Heil Hitler! Klammer, Pastor."
Was sollte ich tun? Ich wandte mich an Lücking. Die BK-Leitung traf Vorbereitungen, sich auch organisatorisch von Bischof Adler und sei-

nen Leuten abzugrenzen und eine eigene Kirchen- und Finanzverwaltung aufzubauen, sie war aber, wie Lücking mir sagte, in dieser Hinsicht noch nicht ganz so weit, daß schon verbindliche Dienstaufträge hätten erteilt werden können. Mir blieb daher im Augenblick nichts anderes übrig, als mich auf den Weg nach Winterberg zu machen.
Dort traf ich auf eine nette kleine Diasporagemeinde, die von ihrem DC-Pfarrer einseitig informiert war und von der Arbeit der Bekennenden Kirche kaum etwas gehört hatte. Ich hatte einige Gottesdienste in Winterberg gehalten, da erreichte mich am 20. Juni 1934 eine Anfrage Lückings: „Die Not in einigen Bekenntnisgemeinden ist derart geworden, daß wir in ihnen unbedingt ordinierte Amtsbrüder gebrauchen, die sich von der Bekenntnissynode dorthin entsenden lassen. Ich möchte Sie darum fragen, ob Sie bereit sind, einem Ruf des Bruderrates Folge zu leisten. Für eine möglichst umgehende Antwort, die evtl. auch etwas über die dortigen Verhältnisse berichtet, wäre ich Ihnen dankbar. Mit brüderlichem Gruß, Ihr Lücking."
Die Not, von der Lücking gesprochen hatte, bezog sich, wie er mir mündlich erklärte, besonders auf Bochum-Weitmar. Hier hatte Pfarrer Kraemer gegenüber einem DC-Presbyterium und zwei NS-Amtsbrüdern einen schweren Stand. Sein Hilfsprediger Hans Fischer, mit dem er eine treue Bekenntnisgemeinde aufgebaut hatte, war zum Pfarrer der deutschen Gemeinde in Amsterdam gewählt worden, und das Presbyterium in Weitmar hatte seine Stelle mit einem NS-begeisterten DC-Hilfsprediger besetzt, der den Bezirk zur Raison bringen sollte. Kraemer fühlte sich in seiner gesamten Arbeit bedroht und hatte sich an Lücking mit der Bitte um die Entsendung eines ordinierten Hilfspredigers der BK gewandt.
Die Anfrage Lückings beantwortete ich positiv und kündigte gleichzeitig in einer kurzen Mitteilung Bischof Adler den Dienst auf, da ich seine Zuständigkeit nicht anerkennen könne.
Unter dem 9. Juli 1934 erhielt ich dann folgenden Auftrag: „Der Bruderrat der Bekenntnissynode überträgt Ihnen eine Hilfspredigerstelle in der Bekenntnisgemeinde Bochum-Weitmar. Sie sind in Ihrer Gemeindearbeit selbständig mit der Maßgabe, daß Sie mit dem Bruderrat der Bekenntnisgemeinde als mit dem für Sie zuständigen Presbyterium zusammenarbeiten. Der Bruderrat der Bekenntnisgemeinde Bochum-Weitmar hat für die Gehaltszahlungen (einschließlich Versicherung etc.) Sorge zu tragen. Der Bruderrat der westfälischen Bekenntnissynode hat das Vertrauen zu Ihnen, daß Sie der verant-

wortungsvollen Aufgabe, die Ihnen mit diesem Dienst gestellt wird, in Vertrauen auf Gottes Beistand gerecht zu werden versuchen. Der Bruderrat wünscht Ihnen für Ihre Arbeit in der Bekennenden Gemeinde Bochum-Weitmar Gottes Segen, Weisheit und Kraft, Lücking."

In Weitmar standen sich nun zwei junge Theologen, die eigentlich denselben Auftrag hatten, in verschiedenen Lagern gegenüber. Auf der einen Seite die Machthaber: zwei DC-Pfarrer, das DC-Presbyterium, unterstützt von allen Organen der NS-Partei, insonderheit von der NS-Frauenschaft und der SA, und einer gut funktionierenden kirchlichen Verwaltung, auf der anderen Seite Pfarrer Kraemer und die Mehrheit der Gemeinde, die sich das Evangelium nicht verfremden lassen wollte.

Für Gottesdienste stand ihnen ein Vereinshaus in Weitmar-Mark zur Verfügung, das nicht Eigentum der amtlichen Kirche war, sondern einer Vereinigung gehörte, in der die Bekenntnischristen über die Mehrheit verfügten. Was mir von Weitmar unauslöschlich in Erinnerung geblieben ist: die entschlossene, opferbereite und trotz aller Bedrückung fröhliche Gemeinschaft der bekennenden Christen und die fanatische Gegnerschaft des DC-Presbyteriums, das mir die Benutzung der Kirche, aller kirchlichen Gebäude und jede Amtstätigkeit in der Gemeinde untersagte.

Ein deutschchristlicher Pfarrer, auch Parteigenosse, der als Redner für die DC werben sollte, erklärte in einer Parteiversammlung, die Bekenntnispfarrer seien wie unartige Kinder, die man nicht mit Schokolade verwöhnen dürfe, man müsse ihnen ordentlich auf die Finger klopfen, dann würden sie schnell Vernunft annehmen.

So mußte sich die bekennende Gemeinde außerhalb der offiziellen Kirche bilden. Eingeworfene Fenster nach meinem ersten Gottesdienst im Vereinshaus zeigten, welches Unbehagen unser Dienst der anderen Seite bereitete. In der Filiale Eppendorf hielt ich die Gottesdienste in der Wirtschaft Eichholz. Einsatzbereite Gemeindeglieder verwandelten nach Eintritt der Polizeistunde den Wirtshaussaal in einen gottesdienstlichen Raum, legten mitgebrachte Teppiche aus, bereiteten einen Altartisch vor und schmückten ihn mit Kerzen und Blumen, Kruzifix und Abendmahlsgeräte hatte ich von der altlutherischen Gemeinde in Bochum entliehen.

In den überfüllten Gottesdiensten der Bekenntnisgemeinde, die mit ihrem Pfarrer in die eigene Kirche nicht hineindurfte, aber in einem Wirtshaussaal, in dem wenige Stunden vorher noch geraucht, getrunken und getanzt worden war, eine Zuflucht gefunden hatte, wehte ein Hauch von Urchristentum. Es herrschte zwar keine Gütergemeinschaft, aber es waren einige kleine Schritte in der Richtung. Ich vergesse nie, wie der Schuhmacher, der an jedem Gottesdienst teilnahm, beleidigt reagierte, als ich ihm die Reparaturkosten für meine Schuhe bezahlen wollte. Ich habe nie so viele Einladungen zum Mittag- und Abendessen erhalten wie in diesen wenigen Monaten in Weitmar. Ich hätte jeden Tag irgendwo Gast sein können. Die Gastgeber waren nicht feine Leute und große Herren, sondern Arbeiter, meistens Bergarbeiter. Die Kumpel des Ruhrreviers hatten sich bisher charaktervoll gegen jede Gleichschaltung gewehrt, fühlten sich unabhängig, weil für die Wirtschaft notwendig, und standen für ihre Meinung auch mit Opfern ein.

Am Vorabend der Einführung Reichsbischofs Müller folgte mein Posaunenchor einer Einladung Pfarrer Fischers nach Amsterdam. Mit mir fuhren etwa dreißig Männer mit einem Bochumer Busunternehmer über Arnheim und Amersfort nach Amsterdam. Dort hatten wir Stunden des Austausches über die kirchliche und politische Lage, besuchten Fischers Gottesdienste am Sonntagmorgen, durchstreiften die damals so schöne Stadt an der Amstel und hatten die zehn Mark, die jeder nur mitnehmen durfte, schnell ausgegeben. Die Rückfahrt verlief bis etwa 50 km vor der Grenze planmäßig. Plötzlich versagte dann der Motor, und unser Bus war trotz allen Schiebens nicht mehr voranzubringen.

Mir fiel das Herz in die Hosen. Auf einsamer Landstraße, ohne Geldmittel im fremden, unbekannten Land! Meine Männer mußten am andern Morgen früh ihre Schicht antreten! Andernfalls hatten sie mit Verlusten oder sogar Strafen zu rechnen! Ich versuchte vergeblich, die wenigen uns überholenden Autos anzuhalten. Wir schienen wohl als deutsche Touristen verdächtig oder wurden nicht ernst genommen. Schließlich gelang es mir, einem Radfahrer, der uns orientierte, wo wir uns überhaupt befanden, eine Botschaft für die nächste Tankstelle mitzugeben. Auch Bargeld als Bezahlung für das Abschleppen. Ich hatte allen Verboten zum Trotz für Notfälle 100 RM versteckt mitgenommen. Nach langem Warten, das immer frustierender wurde, kam endlich der erlösende Abschlepper und zog uns zur Garage. Von dort konnte ich mit der Firma in Bochum telefonieren und einen Ersatzwagen anfordern, der uns an der Grenze in Elten abholen sollte. Bis dahin wollte der holländische Schlepper die Fahrt übernehmen.

Die Bochumer waren sofort bereit, einen Ersatzwagen zu schicken, sobald der erste ihrer Wagen aus Berlin zurück war. Das könne noch etwa eine Stunde dauern. Neue Enttäuschung, weil unsere Männer nun ernsthaft um ihre Schicht fürchten mußten. Nach drei Stunden kam dann doch die Erlösung. Wir schoben unseren defekten Wagen durch das Niemandsland zur Grenze, und gegen Mitternacht kamen wir in Weitmar an. Dem „Lobe den Herrn", das uns beim Abschied trennte, konnte man anmerken, daß es aus dankbaren Herzen kam.
Im Hause Spannhoff hatte ich außer meinen schönen zwei Zimmern eine großzügige Gastfreundschaft und in dem Hausherrn, der die Seele des Bruderrates war, einen in der jüngeren Geschichte der Gemeinde wohlerfahrenen Berater gefunden, der mir für meine Entscheidungen manche Fehler ersparte. Wie für mich ergaben sich für unsere Glieder auch bald finanzielle Schwierigkeiten. Die Kirchensteuer wurde von uns auf Weisung des Bruderrates nicht mehr an die deutsch-christlich regierte Kirchengemeinde bezahlt, sondern auf ein Sonderkonto für die Bekenntnissynode überwiesen. Die DC-Gemeinde trieb aber ihre Steuerforderungen rücksichtslos ein, und wir mußten praktisch zweimal Kirchensteuer bezahlen.
Die letzte Konsequenz des „Weitmarer Modells" wäre die Freikirche gewesen. Das wollte aber weder das Konsistorium noch die Bekenntnissynode, die an eine vorläufige Lösung durch Notrecht dachte. Als nach der zweiten Bekenntnissynode in Dahlem Bischof Adlers Einfluß auf die Stellenbesetzung schwand, kam man zu einer Kompromißentscheidung auch für Weitmar. Beide Seiten zogen ihre Hilfsprediger zurück, das Konsistorium entsandte einen neuen Mann, den die Bekenntnissynode vorgeschlagen hatte und der meine „außerordentliche" Arbeit nun als „ordentlicher Hilfsprediger" übernehmen konnte.
Mein deutsch-christlicher Antipode, der an seinen nur von wenigen Anhängern besuchten Gottesdiensten in der Hauptkirche sicher keine Freude gefunden hatte, zog in einen anderen Landesteil, während mir im Einvernehmen von Bruderrat und Konsistorium an der St.-Petri-Nicolai-Gemeinde, Dortmund, eine Hilfspredigerstelle zugewiesen wurde. Damit war ich wieder in der Landeskirche, aber in einer Gemeinde, in der alle Pfarrer und die große Mehrheit der Gemeindevertreter der Bekenntnissynode angehörten.
Obwohl ich zweimal, wenn auch nur für wenige Monate, in Dortmund, Dienst getan hatte, hatte sich bei der Turbulenz der Zeit keine Mußestunde gefunden, die schöne St.-Petri-Kirche am Westenhell-

weg zu besuchen und zu bewundern. Jetzt war ich als Hilfspfarrer an sie berufen, durfte vor dem unvergleichlich schönen Antwerpener Schnitzaltar das heilige Abendmahl feiern und von der mittelalterlichen Kanzel das Evangelium verkünden.
Zwar tobte der Kampf noch immer, sogar heftiger als zuvor. Die Partei griff brutaler ein und wollte nunmehr mit massiver Gewalt erzwingen, was den DC mit ihrer innerkirchlichen Aggression nicht gelungen war: die völlige Gleichschaltung. Die Gottesdienste von uns Bekenntnispfarrern wurden regelmäßig überwacht. Polizeibeamte in Zivil schrieben unsere Predigten wortgetreu mit, so daß wir auf eine Erweckungsbewegung unter ihnen zu hoffen wagten. Wir versuchten uns soweit wie möglich vor der dauernden Überwachung unserer Telefone und Post zu schützen. Deshalb deckten wir bei allen Sitzungen und Besprechungen unsere Apparate mit Kaffeewärmern zu, wichtige Nachrichten wurden durch Kuriere übermittelt oder als Drucksachen versandt. So fanden sie keine Beachtung und schützten erfahrungsgemäß vor Kontrolle.
Im übrigen empfand ich die Annehmlichkeiten einer rechtlich geordneten Pfarrstelle als durchaus angenehm. Ich hatte wieder eine Wohnung im Pfarrhaus, ein gut arbeitendes Gemeindebüro, ausreichende Räume für Unterricht und die florierenden kirchlichen Vereine und Gruppen, unter denen sich die Frauenhilfe mit etwa 500 Mitgliedern in allen gemeindlichen Notlagen hervortat.
Eine festliche Unterbrechung bedeutete die Hochzeitsfeier meines Freundes Gustav Grafe. Bei seiner Festtafel hatte ich eine entzückende Tischdame, aber bei dem Ernst der Zeiten konnte ich nicht an amouröse Abenteuer oder gar eheliche Bindung denken. Unter uns „Singles“ in der BK wurde ernsthaft ein freiwilliges, zeitlich begrenztes Zölibat diskutiert.
Für meine Gottesdienste bereitete ich die Liturgie so sorgfältig vor wie die Predigt, da beide aufeinander gut abgestimmt sein sollten. Eines Sonntags passierte das Mißgeschick, daß das Predigtlied auf den Tafeln falsch angesteckt war, ohne daß ich es bemerkt hatte. Ich war enttäuscht und unglücklich und hielt den Gottesdienst für nicht recht gelungen.
Ich hielt mich noch in der Sakristei auf, als eine mir unbekannte Dame bat, mich sprechen zu dürfen. Sie habe auf dem benachbarten Hauptbahnhof einen Anschluß verpaßt und die Gelegenheit benutzt, meinen Gottesdienst zu besuchen. Sie befinde sich in einer großen inneren Not und habe sich durch das zweite Lied zu einer richtigen

Entscheidung durchringen können. Dafür wolle sie mir herzlich danken. Das Lied war das falsch angeschlagene! Der Geist weht eben auch da, wo wir ihn nicht vermuten, ja nicht einmal haben wollen. Die Erfahrung mit dem falschen Lied hat mich ein für allemal davor bewahrt, die eigenen Bemühungen auch im Gottesdienst zu überschätzen.

Mit der Besetzung der ersten Pfarrstelle durch einen norddeutschen Pfarrer, der in Westfalen eine Zuflucht suchte, war mein Dienst in Dortmund beendet, und ich nahm Abschied von der Kirche, die mir lieb geworden war, um wiederum in einer St.-Petri-Kirche – in Soest – mit einer sehr schwierigen Aufgabe zu beginnen.

St. Petri, die älteste Kirche Soests, wird auch heute noch gelegentlich „De Olde Kerk" genannt. Von einem erdverbundenen romanischen Turm grüßt ein geradezu lustiger Barockhelm. Auf der Empore des Westwerks ist noch der Sitz der Kaiser erkennbar, die in der Pfalz gegenüber residierten. Das Innere birgt kostbare Schätze namhafter Künstler der Romanik und Gotik, aber wenn mich je ein Kunstwerk vom Augenblick der ersten Betrachtung an gefesselt und beglückt hat, dann sind das die liebenswerten, anmutigen Gestalten von Maria und Johannes unter dem Triumphkreuz im nördlichen Seitenschiff. Im Juli 1935 konnte ich jedoch keine kunsthistorischen Studien treiben, in dieser Gemeinde tobte der Kirchenkampf.

Vor Dienstbeginn hatte ich mich beim Superintendenten zu melden. Sein Pfarrhaus, mir von der Ordination her schon bekannt, lag in einer malerischen Idylle, und auch sein Charakter, von ausgeglichener, behäbiger Friedfertigkeit und einem unwiderstehlichen Humor, spiegelte den Frieden seiner ausgeglichenen Persönlichkeit. Er überraschte mich sofort mit der Frage, ob ich wisse, was ein Superintendent zu tun habe. Auf mein Gestammel hin entgegnete er schmunzelnd: „Er hat einem leid zu tun." Superintendent Clarenbach tat mir nicht leid, ich beneidete ihn sogar um seinen frischen, wohltuenden Humor. Leid tat uns beiden vielmehr die St.-Petri-Gemeinde, in die ich geschickt worden war und in der ihre beiden trefflichen Pfarrer mit ihrem jeweiligen Anhang sich feindlich gegenübergestanden hatten. Sie hatten sich auch, da sie so verschiedenartig waren, schon vor der Zeit des Kirchenkampfes nicht sehr gut verstanden. So war es fast natürlich, daß sie in den Auseinandersetzungen sich in verschiedenen Lagern befanden.

Vor einigen Wochen hatte der DC-Pfarrer, ein sehr volkstümlicher und beliebter Prediger, eine Stelle in Kassel angenommen, und es

verbreitete sich in seinem Pfarrbezirk die Legende, er sei irgendwie verdrängt oder abgeschoben worden. Das machte viele Gemeindeglieder aufsässig, so daß die kirchenpolitischen Gegensätze, nicht nur in den Pfarrhäusern, von vielen persönlichen Elementen überlagert wurden. Superintendent Clarenbach hatte mir geraten, mich nicht mit allen Phasen zurückliegender Auseinandersetzungen zu identifizieren, sondern darauf bedacht zu sein, bei den persönlichen Differenzen Neutralität zu bewahren und meine Arbeit streng sach- und evangeliumsgebunden auszurichten. Ich akzeptierte seinen Ratschlag als die einzig vernünftige Möglichkeit. Meine Haltung brachte nicht nur Freunde im eigenen Lager, aber ich hatte immerhin nach zwei Jahren meiner Tätigkeit in der zweiten Pfarrstelle, zu der neben dem großen Stadtbezirk auch sechs Dörfer der Oberbörde gehörten, erreicht, daß 90 % des Stadtbezirks und vier der sechs Dörfer zur Bekenntnissynode zurückkehrten.
Senator Dr. Hubertus Schwartz, Autor der Soester Kirchengeschichte, seit 1934 im Presbyterium von St. Petri und nach Kriegsende auch Landrat des Kreises Soest, schreibt 1948 über diese Zeit: „Herr Pastor Mittorp kam damals in jungen Jahren nach Soest. Er ging, unbeirrt von rechts oder links, seinen Weg, so daß er in der Gemeinde bald Boden fand. Seine versöhnliche Natur bewirkte, daß, soweit das möglich war, die Wellen der Unruhe in der Gemeinde abebbten und ... innerhalb der Gemeinde selbst wieder sachliches Arbeiten möglich wurde ... Herr Pastor Mittorp steht hier allgemein noch in bester Erinnerung, trotzdem seither mehr als zehn Jahre vergangen sind. Sein friedliches, ruhiges Wirken in den schweren Zeiten des Kirchenkampfes ist in Soest unvergessen."
Die Arbeit an einer evangeliumsgebundenen und doch zeitnahen Predigt schien mir meine vordringliche Aufgabe zu sein. Je und dann befiel mich ein beglückendes Gefühl, wenn ich daran dachte, daß vor mehr als 200 Jahren Vorfahren von mir in sicher nicht leichteren Zeiten mit dem gleichen Evangelium auf der gleichen Kanzel gestanden hatten. Sie konnten genauso wie ich zum Triumphkreuz des Heilandes aufblicken.
In der Woche war ich fast pausenlos unterwegs, um alle Gemeindeglieder in meinem weit ausgedehnten Bezirk, der sich bis zur Möhnetalsperre erstreckte, zu besuchen. Ich war bestrebt, niemanden auszulassen, auch nicht die Bewohner eines recht einsam gelegenen Kottens. Dieser Besuch trug mir einen Hundebiß und einen zerrissenen Mantel ein. Ich war Opfer eines auf den Mann dressierten Schäfer-

hundes, der bei der Prüfung der Polizeihunde durchgefallen war. Er erwies sich aber als Wachhund auf dem Bauerngehöft als ein unverhältnismäßig schnell zubeißender Aufpasser. Bald brauchte ich nicht mehr zu Fuß meine Ziele anzusteuern, weil mir die Gemeinde für die weiten Wege ein Motorrad zur Verfügung stellte.

In der Stadt Soest besuchte ich bei der Allerheiligenkirmes auch alle Schausteller in ihren Wohnwagen, in denen sie neben ihren Schaubuden und Karussellen lebten. Eine mir bis dahin völlig unbekannte Welt! Ich war nicht nur erstaunt über einen ganzen Hühnerstall, den ich einmal unter einem Bett antraf, sondern auch über den relativen Wohlstand. Viele besaßen ein schickes Auto. Völlig überrascht war ich über die religiöse Aufgeschlossenheit und ihr Interesse auch an unserm Kirchenkampf.

Eine zeitraubende Tätigkeit am Rande des pfarramtlichen Dienstes ließ sich nicht durch Besuche erledigen, sondern durch das fleißige Aufschlagen der alten Kirchenbücher. Unsere Kirchengemeinde erhielt sehr viele Bitten um Auszüge, die für den Ahnennachweis erforderlich waren. Die Kirchenbücher begannen schon 1555 zunächst als Stolgebührenverzeichnisse und waren wohl die ältesten von Westfalen.

Die eigentliche Sucharbeit leistete eine Sekretärin, ich hatte aber jedes Schriftstück verantwortlich zu prüfen und zu unterzeichnen. Da wir immer nur Auszüge ausstellten, keine Abschriften, konnten wir gelegentlich auch helfen, indem wir einen Passus, der für den Betroffenen gefährlich werden konnte, etwa einen jüdischen Vorfahren, wegließen. Wir bescheinigten aber mit einer gewissen Genugtuung – getreu nach dem Kirchenbuch – einem hohen Parteifunktionär aus Berlin, daß sein bäuerlicher Ahnherr sich in seiner Scheune erhängt hatte. Seinem empörten Protestschreiben und der Aufforderung, den Passus wegzulassen, kam ich nicht nach. Viel Spaß bereitete dagegen ein anderer Absender, der kategorisch forderte: „Senden Sie mir bitte sofort meine im Mai 1872 gestorbene Großmutter unter Nachnahmegebühren."

Wider Erwarten war die zweite Pfarrstelle auch nach zwei Jahren immer noch nicht freigegeben worden, die erste dagegen kürzlich neu besetzt. So nahm ich die mir inzwischen angebotene erste Pfarrstelle in Paderborn an. Ironie des Schicksals: Als ich gerade in Paderborn eingeführt worden war, gab das DC-freundliche Konsistorium in Münster die zweite Pfarrstelle zur Besetzung frei. Sofort wählte das Soester Presbyterium mich mit 7:3 Stimmen. Darüber hinaus entschloß es sich, die Stimmen aller Gemeindeglieder des zweiten Bezirks durch eine Befragung einzuholen. Ein unter den damaligen Verhältnissen nicht ungefährliches Unternehmen! Manche der mutigen Zähler wurden von der Partei in ihrer Aufgabe behindert. Das Ergebnis war eindeutig und für mich großartig. Der Superintendent teilte es mir erfreut mit: „Es sind etwa 1.200 Wahlberechtigte vorhanden. Etwa 150 haben aus irgendwelchen Gründen nicht abgestimmt. 809 haben Ihre Wahl mit Ja bestätigt; 31 haben sie mit Nein verweigert; rund 200 hat man in der Wohnung nicht angetroffen bzw. ist in Hiddingsen die Befragung durch den Ortsbürgermeister verhindert worden."

Nun erwarteten er und die Soester Gemeinde gespannt meine Entscheidung. Es klingt wie ein Erzeugnis blühender Phantasie, aber auf der Fahrt zu meinen Eltern nach Bad Godesberg – Januar 1938 – hatte ich wegen unerträglicher Schmerzen den Zug im Bahnhof Soest verlassen und wegen eines Blinddarmdurchbruchs im städtischen Krankenhaus sofort operiert werden müssen. Dr. Steinbrück war ein hervorragender Chirurg, aber auch er konnte eine Lungenembolie nicht verhindern, und ich lag vier Wochen in meiner alten Stadt. War es ein Fingerzeig des Himmels? Eine Frage, die mich Tag und Nacht beschäftigte und die die Soester eindeutig für mich mit einem „Ja" beantworteten. Briefe und telefonische Beschwörungen gingen zwischen den Presbyterien hin und her. Abordnungen erreichten mich in Godesberg, wo ich zur Erholung weilte.

Zu anderer Zeit wäre ich gern Pfarrer in Soest geworden, einer Stadt, in der ich mich immer heimatlich gefühlt hatte, in der Vorfahren meiner Mutter Sälzer, Juristen und auch Pfarrer an St. Petri gewesen waren. Ich konnte mich aber jetzt nicht entschließen, mein bei der Einführung durch Superintendent Nobbe am 3. Advent 1937 den Paderbornern gegebenes Wort zu brechen und nach wenigen Wochen davonzulaufen. Mich lockten außerdem auch das rege theologische Leben in der katholischen Hochburg und die Möglichkeit, in ihr eine evangelische Gemeinde zu repräsentieren. Für 17 lange Jahre hat mir dann auch die Bischofsstadt an der Pader ein weites Feld für immer neue Aufgaben geboten.

Vor dem mächtigen Dom, im Quellgebiet der Pader, erhebt sich die doppeltürmige Abdinghofkirche und beherrscht, wenn man sich von Westen her nähert, auch heute noch, wie in den Tagen Meinwerks, weithin das Stadtbild. Hier hatte er sie als Abteikirche für sein neugegründetes Kloster 1016 zu bauen begonnen und 1023 die Hallenkrypta unter dem Ostchor eingeweiht. Trotz einer außerordentlich erfolgreichen Bautätigkeit, u.a. am Dom und and der Busdorfkirche, ist sie seine Lieblingskirche geblieben. Wenige Tage vor seinem Tod hat er sich noch einmal in sie hineintragen lassen und in ihrer Krypta auch seine letzte Ruhe gefunden.

Über den Paderquellen

An der gleichen Stelle hatte schon Karl der Große 777 die erste christliche Kirche in der Stadt errichten lassen. Als Bollwerk der Franken wurde sie von den heidnischen Sachsen zerstört, dann wieder errichtet und auch nach verschiedenen Bränden immer wieder aufgebaut. Über die interessanten Ergebnisse der von Bernhard Ortmann und anderen beim jüngsten Wiederaufbau durchgeführten Ausgrabungen berichtet Wilfried Hansmann 1966: „Unter dem Mittelschiff fand man die Fundamente einer kleinen Saalkirche mit eingezogenem Rechteckchor, die wahrscheinlich die von Karl dem Großen 777 gegründete Salvatorkirche ist, als Missions- und Lagerkirche der Franken, zugleich der älteste Sakralbau der Stadt."

In der preußischen Zeit wurde sie 1803 Garnisonkirche, 1806 von den Franzosen für militärische Zwecke als Magazin beschlagnahmt, kam 1866 in den Besitz der evangelischen Gemeinde und ist nach ihrer Wiederherstellung und Neueinweihung seit 1871 ihr geistlicher Mittelpunkt. Zu allen Zeiten hat sie, allein schon durch ihre ausgeglichene romanische Gestaltung und die beruhigenden Maße ihrer Fenster und Arkaden, Geborgenheit und Frieden ausgestrahlt.

Arnold Rahe, der Inhaber der zweiten Pfarrstelle, nahm mich mit offenen Armen auf. Er war ein Kind des Ravensberger Landes, ebenso wie mein Vorgänger Werner Volkening. Von dem Geist ihrer Heimat war auch die Paderborner Gemeinde geprägt, sie kannte reiches liturgisches Leben, Haupt- und Nebengottesdienste waren gut besucht. Beide Pfarrer standen mit den Bekenntniskreisen im Bielefelder Raum in Verbindung und hatten die Gemeinde vor der deutschchristlichen Politisierung bewahrt.

Nach bestehender Ordnung hatten die beiden Pfarrer sich die Haupt-

und Nebengottesdienste in der Abdinghofkirche einvernehmlich zu teilen. In dieser Hinsicht hat es zwischen uns zu keiner Zeit Schwierigkeiten gegeben.
Mein Pfarrbezirk umfaßte den östlichen Teil der Gemeinde mit dem Innenstadtkern und wurde im Westen abgegrenzt durch eine Linie, die vom Neuhäuser Tor, Westerntor zur Borchener Straße lief. Die Gemeindeglieder waren zum größten Teil Beamte, Angehörige der Dienstleistungsbetriebe und Angestellte der Reichsbahn, vom großen Ausbesserungswerk im Norden der Stadt bis zur Verwaltungsspitze. In Anbetracht der Tatsache, daß derartig zusammengesetzte Gemeinden sehr anfällig für Einflußnahmen von oben sind, war Paderborn eine sympathische, angenehme Bekenntnisgemeinde, die auch in den Auseinandersetzungen mit den Deutschen Christen die Fronten nicht gewechselt hatte, aber harte Auseinandersetzungen waren ihr erspart geblieben.
Die Seelenzahl meines Bezirks lag etwas über 2.000, von denen ich nur einen kleinen Prozentsatz in den Gottesdiensten kennenlernen konnte. Ich wollte aber mit allen Kontakt aufnehmen und sie nach Möglichkeit alle besuchen, habe das auch in den 17 Jahren zweimal durchgeführt. Bei den meisten Besuchen wurde ich sehr erfreut und freundlich, immer aber höflich empfangen, oft auch um eine kirchliche Antwort auf bedrängende Probleme befragt. Einmal nur begegnete ich enttäuschender Gleichgültigkeit: „Kommen Sie nur herein, Herr Pfarrer, die Oma ist hinten, mein Mann und ich gehen einkaufen."
Mein Pfarrhaus lag im Schatten des Domes an der Stelle, wo heute der Prachtbau des Landgerichtes sich erhebt. Einst Elmendorffsche Kurie, wurde es von Napoleon 1812 der evangelischen Gemeinde zugesprochen. Es heißt, daß eine seiner Geliebten dabei eine Rolle gespielt habe. Das Haus mit einem kleinen Garten war direkt in die älteste Stadtmauer hineingebaut und hatte daher an der Ostseite burgähnlichen Charakter. Vom Domplatz her hatte es eine großartige Auffahrt und auf der anderen Seite zur Kasseler Straße einen Nebenausgang. Von der Gartenseite her schien es mir die lieblichste aller Kurien zu sein.
In den ersten Monaten hatte meine Mutter mir meinen Haushalt aufgebaut, dann folgte zwischenzeitlich meine Schwester Irma, später versorgte mich Frau Johanna Liehr, die unweit vom Pfarrhaus Auf den Dielen wohnte. Sie war eine jener ostpreußischen Naturen, denen Zuverlässigkeit und Treue im Gesicht geschrieben stehen. Ein-

mal fand ich sie vor meinem geöffneten Kleiderschrank mit brennender Zigarre. Sie hatte eine Motte entdeckt und irgendwo gelesen, daß Zigarrenrauch die unerwünschten Eindringlinge vertriebe. Obwohl Nichtraucherin, opferte sie Prinzip und Gesundheit, um mir zu helfen.
In Paderborn gab es zwei Einrichtungen evangelischer Diakonie, das Krankenhaus „St.-Johannis-Stift" und die „Herberge zur Heimat" mit kleinem Hospizbetrieb. Sie waren von Vorvorgängern gegründet worden und wurden von den Gemeindegliedern mit viel Liebe begleitet und getragen. Beide lagen im zweiten Pfarrbezirk. Obwohl beide Pfarrer in dem jeweiligen Vorstand Sitz und Stimme hatten, lagen die eigentliche Leitung des Krankenhauses und die Gesamtverantwortung bei der zweiten Pfarrstelle, die der Herberge bei der ersten.
Ich fand ein geschicktes und verläßliches Diakonenelternpaar aus Bethel vor, das unser Haus und seine Gäste im Sinne Vater Bodelschwinghs versorgte. Mir blieben die Vertretung nach außen und, nach der Satzung, die Überprüfung aller größeren Ausgaben, die ich mit meiner Unterschrift anzuweisen hatte. Viele Abende habe ich mit dem Hausvater in dem kleinen Büro der Herberge zusammengesessen und beraten, erfuhr dabei auch interessante Einzelheiten von den Brüdern der Landstraße und über sie, ihre Zeichen und Zinken und ihre oft schwer durchschaubaren Gewohnheiten.
Ein Tippelbruder erklärte mir einmal auf meine Frage die Bedeutung eines Kreidezeichens, das ich an meinem Gartentor gefunden hatte. Es bedeutete, hier gäbe es Schuhe. Ich hatte einmal einem barfuß daherkommenden Bettler ein Paar Schuhe geschenkt und wurde nun immer wieder um Schuhe angegangen. Wenn das Wetter im Herbst kalt und regnerisch wurde, fanden sich mit der Pünktlichkeit von Zugvögeln einige Stammgäste ein, um für einige Zeit ein Dach über dem Kopf zu haben.
Mein Vorsitz brachte mir während des Krieges eine unangenehme Anzeige und eine Gerichtsverhandlung ein. Passanten hatten aus einem Dachfenster Lichtstreifen gesehen und Anzeige erstattet. Ich wurde beschuldigt, feindlichen Fliegern durch Lichtzeichen Orientierung gegeben oder ermöglicht zu haben. Es stellte sich heraus, daß eine Hausangestellte aus purer Unachtsamkeit an den Seiten der Verdunklungsrollos eine Lücke übersehen hatte. Dem Richter reichte das für eine Verurteilung nicht aus, und es kam zu einem Freispruch.
Anknüpfungspunkte aus verwandtschaftlichen oder persönlichen

Beziehungen, wie ich sie etwa in Dortmund und Soest gefunden hatte, gab es in der Paderstadt bis auf eine einzige Ausnahme nicht. Frau Elfriede Fischer, Gattin des Rektors der evangelischen Volksschule, war als junge Lehrerin in Gelsenkirchen in der Gemeinde meines Vaters gewesen. Sie erinnerte sich gerne an diese Zeit, beriet mich in vielen Angelegenheiten, und ich war für viele Jahre an einem Tag in der Woche ihr Gast beim Mittag- oder Abendtisch. Sie wurde auch die erste und langjährige Vorsitzende in der von mir später gegründeten Frauenhilfe und hat mich, wo immer sie konnte, bei allen Vorhaben unterstützt.
Bei meinen Hausbesuchen in der Karlstraße hatte ich Herrn Schwake getroffen. Er stammte aus der Lüneburger Heide und erzählte von der mir bis dahin unbekannten Hermannsburger Mission. Viel später brachte er mir einmal eine Gabe für die Mission mit der Bitte, sie nach Hermannsburg weiterzuleiten. Damit war ein Faden geknüpft, an dem ich nach Beendigung des Krieges, besonders in der Jugendarbeit, gern weitergesponnen habe. Viele Jahre sind wir nach Hermannsburg gefahren oder geradelt und haben auf den Bauernhöfen des Dorfes unter alten Eichen das traditionelle Missionsfest gefeiert. Ich war immer wieder erstaunt, wie sehr der Missionsgedanke in den Bauernfamilien verwurzelt war. Mein Gastgeber zeigte beim Rundgang durch die Ställe, wie es auf Bauernhöfen üblich ist, auf eine seiner Boxen: „Diese Schweine mäste ich für die Mission." Auch unsere Jugend war immer sehr beeindruckt, und einige von ihnen haben sich für die Hermannsburger Arbeit zur Verfügung gestellt, u.a. Brunhilde Engemann, die nach Addis Abeba ging, wo der Lutherische Weltbund den Afrikasender aufbaute, und Martin Schweizer, der in Südafrika durch Übersetzen der Bibel und theologischer Werke in die Landessprache großartige Pionierarbeit leistete und noch leistet.
Zur gleichen Zeit wie Herrn Schwake lernte ich ein etwa 70 Jahre altes Gemeindeglied kennen, das in der Stadtheide wohnte. Ich konnte mich nur mit Bleistift und Papier mit ihm verständigen, weil er völlig taub war. Er beteiligte sich aber in großer Treue jeden Sonntag betend und singend am Gottesdienst. Verwundert befragt, warum er denn käme, da er doch nichts verstehe, pflegte er strahlenden Auges zu antworten: „Gemeinschaft der Heiligen." Ich sah einmal wieder bestätigt, daß man, was im Gottesdienst geschieht, nicht nur nach rationalen Gesichtspunkten beurteilen und begreifen kann.
Völliges Neuland war für mich die Seelsorge am Gerichtsgefängnis in

Abb. 1: Die „Burgseite" des alten Pfarrhauses am Bogen vor dem Zweiten Weltkrieg; beim Luftangriff 1945 völlig zerstört

Abb. 2: Die Krypta der Abdinghofkirche mit dem Sarkophag Bischof Meinwerks vor dem Krieg

der Königstraße, die Pfarrer Rahe während der Vakanz und meiner Krankheit vertretungsweise übernommen hatte. Als ich mich dann im Gefängnis meldete, verweigerte mir der an sich sehr freundliche Wachtmeister auf Anordnung des Oberstaatsanwaltes, wie er sagte, den Zutritt. Erkundigungen von Pfarrer Rahe bei der Staatsanwaltschaft ergaben, daß die Kreisleitung der NSDAP Soest mich in einem Schreiben für politisch unzuverlässig erklärt habe. In einem mir von Pfarrer Rahe vermittelten Gespräch mit dem ersten Staatsanwalt konnte ich den genauen Inhalt des Soester Schreibens nicht erfahren, nur daß mir u.a. vorgeworfen wurde, ich hätte den Bezug des „Völkischen Beobachters" verweigert. Der mir sehr freundlich gesinnte Staatsanwalt riet mir zum Bezug des Parteiblattes, und er hoffe, daß die Sache dann geregelt werden könne. Ich konnte mich dazu nicht entschließen, aber bei einem nochmaligen Gespräch suchten beide Seiten nach einem Kompromiß. Ich sagte zu, den Beobachter gelegentlich lesen zu wollen, und daraufhin erhielt ich nach einigen Wochen die Zulassung.

Jeden Sonntagmorgen um 7 Uhr hielt ich Gottesdienst, und einmal in der Woche bot ich Gelegenheit zu Gesprächen im Sprechzimmer oder in den Zellen. Fast alle, ob große oder kleine Sünder, schwere Jungen oder leichte Mädchen, fühlten sich zu Unrecht oder zu hart verurteilt. Sie baten mich fast immer um Hilfe bei ihrer Entlassung. Ihre Rückgliederung in den Alltag gab mir oft schwere Probleme auf, weil die Arbeitgeber, mit denen ich mich in Verbindung setzte, die Rückfälligkeit in den alten Fehler fürchteten. Nicht ganz zu Unrecht, denn ich habe einige meiner „Schützlinge" zum zweiten oder dritten Mal im Gefängnis wiedergefunden.

Ich traf auch auf politische Häftlinge, die meist aus meiner Gemeinde kamen. Eine feinsinnige und hochgebildete Dame hatte es besonders schwer. Sie hatte beim Einkauf eine abfällige Bemerkung über Hitler gemacht, war angezeigt worden und zu zwei Jahren Haft verurteilt. Sie wurde mit einer Prostituierten zusammengelegt und wäre an deren vulgären Frechheiten fast zugrunde gegangen.

Ein Sorgenkind besonderer Art war mein Gemeindeglied Rudolf Koch. Er war Inhaber eines in ganz Deutschland berühmten Restaurants. Bei der Partei war er verhaßt; wenn „Goldfasanen" sein Lokal betraten, komplimentierte er sie in einen zweiten Raum, wo sie abseits und unter sich blieben. Sie haben ihm das nie verziehen, und er wurde wegen eines relativ harmlosen Vergehens gegen das Lebensmittelgesetz zu jahrelanger Gefängnishaft verurteilt. Ich konnte ihm ein wenig helfen, indem ich ihn zu meinem Küster ernannte und damit eine gewisse Bewegungsfreiheit verschaffte und ihm auch Vitaminrollen zusteckte. Er hatte in ganz kurzer Zeit 80 Pfund an Gewicht verloren.

Vor allem kränkte es den angesehenen Mann, daß er in Sträflingskleidern und scharf bewacht auf der Hauptstraße Bauarbeiten verrichten mußte. Er litt sehr darunter, daß viele seiner Freunde, häufige Gäste in seinem Lokal, ihn nun nicht mehr kennen wollten, wie etwa der Kreismedizinalrat, gleichzeitig Gefängnisarzt, der Koch nicht mehr mit seinem Namen, sondern nur noch mit seiner Gefängnisnummer anredete, ihm auch trotz der besorgniserregenden Gewichtsabnahme keine Sonderration gewährte.

Ein anderer Paderborner, Jurist und PG, verhalf ihm, und das sollte auch erwähnt werden, zu einer persönlichen Ehrenrettung. Er sieht den Sträfling Koch auf der Baustelle, geht auf seinen alten Freund zu, schüttelt ihm die Hände. Koch wird von den Aufpassern zurückgepfiffen, ermunternd ruft er ihm nach: „Rudolf, laß den Kopf nicht hängen, auch die Zeit geht vorüber.“ Für Rudolf Koch endete dann die schwere Zeit schneller, als er zu hoffen gewagt hatte, schon nach zwei Jahren. Bei dem Ausbruchversuch eines Mörders rettete er einem Wachtmeister durch seine Geistesgegenwart das Leben und wurde vorzeitig entlassen. Zu seiner alten Fröhlichkeit hat er nicht wieder gefunden.

Für uns „zivile“ Pfarrer spielte die Seelsorge an den Soldaten in Friedenszeiten keine Rolle, da der Dienst in der Militärseelsorge in den Händen der hauptamtlichen Wehrmachtspfarrer lag. Bei Ausbruch des Krieges, 1. September 1939, änderte sich die Lage, da die Wehrmachtspfarrer an die Front mußten. Ich hatte den Dienst beim Kavallerieregiment in Neuhaus zu übernehmen und in den ersten Wochen eine ganze Reihe von sogenannten Kriegstrauungen. Bei meiner UK-Stellung erklärte mir der Wehrbezirkskommandeur, Oberst von Heuß, eine noble Erscheinung aus westfälisch-katholischem Adel, er könne es nicht übers Herz bringen, auch nur einen von den zwei evangelischen Pfarrern einzuziehen, wenn er an die Hunderte von katholischen geistlichen Kräften in den Kirchen und Klöstern der Stadt dächte. Ich müsse aber zu meinem Zivildienst die Militärseelsorge als Standortpfarrer im Nebenamt im Truppenübungsplatz Sennelager übernehmen.

Auf diesem Platz wurden während des ganzen Krieges neue Divisionen aufgestellt, und ich habe für die meisten von ihnen Gottesdienste gehalten. Die Regimentskommandeure beurlaubten gerne zu den Gottesdiensten und nahmen in den meisten Fällen auch selber teil. Unter den höheren Offizieren gab es viele, die den Nationalsozialismus ablehnten, aber nicht wußten, wie sie aus den widerstreitenden Gefühlen herauskommen sollten. Manche von ihnen vertrauten sich mir mit der unheimlichen Konfliktbelastung an, in der sie sich befanden, und ich versuchte, alle Möglichkeiten unter das Licht des Evangeliums zu stellen.

Nicht selten befanden sich Theologen bei den Truppen. Sie litten sehr unter der Schwierigkeit, ihre soldatischen Aufgaben mit ihrem Berufsethos in Einklang zu bringen. Wenn sie Stadturlaub hatten, lud ich sie regelmäßig in mein Haus. Einige blieben gute Freunde, wie Max Witte aus Braunschweig oder Eberhard Rengstorf aus Verden an der Aller.

Ich habe mich immer für meine Kirche geschämt, wenn sie ihre Gotteshäuser verschlossen hielt oder gar gegen Entgelt zur Besichtigung freigab. Ich war daher sehr froh, als es mir gelang, unseren Kirchenvorstand davon zu überzeugen, daß die Abdinghofkirche täglich geöffnet sein müsse. Die letzten Zweifler wurden freilich erst gewonnen, als unser Küster auf dem Altar einen größeren Geldschein mit einem Zettel gefunden hatte: „Von einem dankbaren Soldaten, der an die Front muß und endlich einmal eine evangelische Kirche offen gefunden hat.“

Ganz zufällig fand ich beim Blättern im ältesten Kirchenbuch eine mich hoch interessierende Eintragung. Da stand nämlich unter den Paten für den Februar 1817 getauften Rudolf Franz Curt von Rex der Name des Fürstbischofs Franz Egon von Fürstenberg. Dazu schrieb später der Täufling in seiner Selbstbiographie: „Um nun seinen Glaubensgenossen zu zeigen, daß er mit den Protestanten in Frieden und Freundschaft zu leben wünsche, machte der Bischof Franz Egon meinem Vater den Vorschlag, er möge ihn schriftlich einladen, Patenstelle bei seinem neugeborenen Söhnchen zu übernehmen. Mein Vater ging hierauf sehr gerne ein und erhielt die Zusage des edlen Kirchenfürsten in einem sehr freundlichen Antwortschreiben mit der Bemerkung, daß er von letzterem jeden beliebigen Gebrauch machen könne ... Es trat von dieser Zeit an ein besseres Verhältnis zwischen beiden Konfessionen ein.“ Das war wie ein aufleuchtendes Signal. Ich hatte den unwiderstehlichen Wunsch, mich für die ökumenische Zusammenarbeit unserer beiden Kirchen einzusetzten, wo und wieweit immer das möglich war. Und machmal gehen ja Wünsche in Erfüllung! Bei meinem letzten Treffen mit Erzbischof Lorenz Jaeger schrieb er in mein Gästebuch: „Zum Abschied aus unserem lieben, alten Paderborn, Ihnen verehrter Herr Pfarrer, ein aufrichtiges Wort des Dankes für das schöne Zusammenleben Ihrer Gemeinde mit den unsrigen und herzliche Segenswünsche für die Zukunft. 8. November 1954. Lorenz."

Die Lage meines Pfarrhauses hatte naturgemäß die Bekanntschaft mit den Domherren erleichtert. Mit den Jahren wuchsen gute Beziehungen, mit einigen auch nachbarschaftlicher Besuchsverkehr, besonders mit dem liebenswerten Dompropst Paul Simon, der Philosophieprofessor und 1932 auch Rektor der Universität Tübingen gewesen war, nach der Machtübernahme 1933 aber resigniert nach Paderborn in ein kirchliches Amt übersiedelte und neue ökumenische Ideen und auch kirchenpolitische Pläne angesichts der damaligen Lage in den Kirchen mit an die Pader brachte. Wir stimmten immer wieder darin überein, daß die ökumenische Zusammenarbeit sich nicht in diakonischem und karitativem gemeinsamen Handeln erschöpfen dürfe. Wir wußten, daß uns viel mehr verband, und versuchten das auch theologisch zu ergründen.

Mein altes Gästebuch liest sich weithin wie ein ökumenischer Wunschkatalog, und es gibt kaum einen der damaligen Theologen in Stadt und Universität, dessen Name sich nicht darin befindet. Vielleicht darf ich an einige namentlich erinnern, ganz ohne Titel, so wie sie sich ins Gästebuch eingetragen haben: Rintelen, Höfer, Stakemeier, Kampmann, Tuschen, Ermecke, Tack, Herte, Thöne, Gierse, Kopp, Ertle, Stolte, Lorenz Jaeger, Leßmann, Rhode, Orth, Simon und Hiltenkamp. Eine besondere Freundschaft verband mich mit Vikar Bernhard Schmitz am Busdorf, den ich von Soest her kannte, und mit Franz Stolte von der Jesuitenkirche, nicht nur wegen fast gleicher Interessenlage beim Wiederaufbau unserer Kirchen, und mit Ernst Kettler vom Knabenseminar.

Es war wohl ein besonderer Glücksfall, daß ich gleich zu Anfang ganz in meiner Nähe, in der Heiersstraße, auf meinen Schalker Konabiturienten Ernst Kettler traf. Er war Präside am Erzbischöflichen Knabenseminar. Wir hatten uns zwar seit dem Abitur nicht mehr gesehen, aber im Augenblick war die alte Freundschaft wieder gegenwärtig, als wären wir gestern auseinandergegangen, und sie bestand auch unter veränderten Verhältnissen alle Bewährungsproben. Wenn man die Pennälerjahre mit all ihren Gefährlichkeiten gemeinsam durchgestanden hat, weiß man sehr genau, was man voneinander zu

halten hat. Auf absoluter Vertrauensbasis konnten wir später, wenn wir uns über die allgemeine Weltlage informieren wollten, den englischen Sender einschalten. Wir mußten natürlich darauf achten, daß wir nicht beobachtet oder abgehört werden konnten.
Propst Koch von der Gaukirche, der die katholischen Gemeinden bei den Ämtern vertrat, und ich hatten vereinbart, nur gemeinsam die Dienststellen zu besuchen. Wir erreichten auch fast immer unsere Ziele, obwohl wir den Deutschen Gruß geflissentlich vermieden. Wohl infolge der mächtigen Position der katholischen Kirche standen auch die Parteistellen unseren Anliegen noch nicht so feindlich gegenüber wie etwa in Soest oder Dortmund. Man könnte fast sagen, daß unser kleines Motorboot neben dem großen Dampfer in den ersten Jahren nicht ganz, aber fast ungestört seine Fahrt durch die Nazizeit machen konnte.
Je länger der Krieg dauerte, desto mehr wurde die Militärseelsorge auch zu einer Lazarettseelsorge. In einem mit Diphteriekranken überfüllten Lazarett in Sennelager holte ich mir selbst diese Krankheit, die mich drei Wochen außer Gefecht setzte und an die mich ein verbliebener Herzmuskelschaden bis heute erinnert.
Nach der Niederlage von Stalingrad war die euphorische Siegesstimmung auch in Paderborn verflogen. Die sich häufenden Todesnachrichten taten ihr übriges. Die Parteifunktionäre suchten nach Schuldigen, wir wurden wieder mißtrauischer beobachtet. Da man sich aber vor direkten Eingriffen hütete, konnten wir unsere Gottesdienste und Veranstaltungen, so wie wir sie geplant hatten, abgesehen von Verdunklungseinschränkungen, ungestört ausrichten, ja gelegentlich eine kleine Nische ausbauen. Es war mir möglich, einen Eckartkreis zu begründen, der den Geist dieser von Goebbels verbotenen evangelischen Kulturzeitschrift wachhalten wollte. Unser literarischer Zirkel kam einmal im Monat in meiner Wohnung zusammen, um ein Thema aus offiziell nicht gerade geförderter Literatur oder Kunst zu erarbeiten; wie z.B. Werke von Reinhold Schneider, Werner Bergengruen, Kurt Ihlenfeld, Otto von Taube und Jochen Klepper.
Es war nicht nur der Wunsch, unserer ausgezeichneten, aber überforderten Gemeindeschwester Emilie Entlastung zu verschaffen, auch nicht nur der Wunsch, durch besondere Vertrauensleute die Verbindung zu den einzelnen Bezirken und Familien zu verstärken, sondern einfach die Überzeugung, daß in jede evangelische Gemeinde auch eine Frauenhilfe gehört, daß es zur Gründung der Paderborner Frauenhilfe kam. Wenn ich in meinen früheren Gemeinden Dort-

Abb. 3 und 4: Mit der Jugendgruppe auf der Fahrt nach Hermannsburg

mund oder Bochum von den Leistungen der Bezirksfrauen hörte, dann war es mir oft, als seien mit Gottes Augen schauende, helfende, heilende Engel durch die Gemeinde gegangen. Freilich gab es Widerstände und Bedenken. Einige fürchteten aufkommende Konkurrenz zu dem ja doch völlig anders ausgerichteten deutsch-evangelischen Frauenbund, andere fürchteten Maßnahmen der ein Monopol beanspruchenden NS-Frauenschaft.

Und dann gelang es doch! Hier ein Bericht aus dem Westfälischen Volksblatt zehn Jahre später: „Nach abschließenden Besprechungen mit dem Presbyterium und dem Deutsch-Evangelischen Frauenbund konnte im Herbst 1944 die langersehnte Gründung der Frauenhilfe in Paderborn durchgeführt werden. Am 6. November lud Pfarrer Mittorp zu einer ersten Zusammenkunft im damaligen Kindergarten ein. Der Kreis war zuerst sehr klein, nicht selten waren es weniger als zehn Frauen, aber er fand sich regelmäßig alle 14 Tage zusammen und durfte trotz aller Erschwerungen von innerhalb und außerhalb der Gemeinde stetig wachsen. Neben den Zielen christlicher Liebestätigkeit stellte sich die Frauenhilfe von Anfang an in den Dienst des gottesdienstlichen Lebens, half vor allem an der Verwirklichung des lutherischen Sakramentsgottesdienstes mit."

Vier von den treuen Gründerinnen, Frau Siemers, Frau Seuter, Frau Niemann und Frau Hörchner, fielen in der Schreckensnacht des 27. März 1945 den britischen Bomben zum Opfer. Die andern versammelten sich acht Wochen später wieder in der Kapelle der Landesfrauenklinik und später im Gasthof Gabriel und bildeten den festen Kern der später so blühenden Frauenhilfsarbeit. Ihre erste und langjährige Vorsitzende wurde Frau Elfriede Fischer.

In der schon beschädigten Kirche versuchte ich am 11. Februar 1945 die Konfirmationsfeier würdig zu gestalten. Während draußen das Flakfeuer die Angriffe der Jagdbomber abwehrte, sang die Konfirmandenschar: „Wenn auch von deinen Wänden der letzte Pfeiler fällt, er hält dich doch in Händen, der alle Himmel hält."

Als ich 1985 zum vierzigjährigen Jubiläum der Bahnhofsmission einmal wieder in Paderborn weilte, erinnerte mich eine Konfirmandin von damals an diesen Tag und bemerkte, sie habe in jener Stunde den Segen nicht empfangen, weil wir genötigt wurden, den Gottesdienst wegen des immer stärker werdenden Feuers zeitweilig zu unterbrechen. Mit großer Freude holte ich das Versäumnis nach 40 Jahren nach.

Um jeden Widerstand bei Bildung des Ruhrkessels auszuschließen,

machten die Alliierten unsere Stadt zu einem bevorzugten Angriffsziel. Die heimische Luftabwehr warnte die Bevölkerung durch laufende Berichte über die Bewegungen der feindlichen Verbände. Die Paderborner hatten jetzt häufiger die Luftschutzkeller aufzusuchen, und in ihnen konnte man neben hingebender Opferbereitschaft rücksichtslose Ellbogenmentalität erleben, und wenn Parteifunktionäre die Leitung übernahmen und unnötige oder auch sinnlose Befehle gaben, ging es gar nicht freundlich zu.
Der Wind aus den Dienststellen der Partei und auch der Verwaltung wehte uns seit Anfang 1944 unangenehmer entgegen. Einige Behördenleiter waren durch radikalere Beamte von auswärts ersetzt, die Truppenteile hatten einen nationalsozialistischen Begleit- oder Schulungsoffizier als Aufpasser erhalten, das Wehrbezirkskommando war mit einem neuen Kommandeur besetzt, der mich sofort zur Heimatflak einziehen ließ.
Die Männer der Heimatflak wurden zunächst außerhalb ihrer Berufszeit ausgebildet und dann im Umkreis der Stadt in Flaknestern stationiert, um angreifende Flieger abzuwehren. Obwohl ein einsichtiger Wachtmeister mich Sonntag morgens für die Gottesdienste beurlaubte, konnte ich in der Woche meinen kirchlichen Aufgaben nur unregelmäßig nachkommen und mußte meinen älteren Amtsbruder Rahe mit unzumutbaren Vertretungen belasten. Da auch der General des Standortes Sennelager gegen die Einziehung seines Standortpfarrers Einspruch erhoben hatte, wurde ich nach einigen Monaten freigegeben.
Der Fliegeralarm war uns inzwischen zur täglichen Gewohnheit geworden. Im Jahr 1944 gaben die Sirenen 570mal den schrecklichen Alarm, 1943 war es nur 200mal gewesen. Da die Angriffe der Jagdbomber uns auch tagsüber keine Ruhe ließen, war ein geordnetes Gemeindeleben kaum noch möglich, obwohl wir alle Gottesdienste durchzuhalten versuchten. Die Beerdigungen mußten in die ganz frühen Morgenstunden verlegt werden, nachdem sie öfter gestört worden waren.
Das Dach meines Pfarrhauses war bei einem Angriff am 10. März 1945 abgedeckt worden. Das Haus aber blieb bewohnbar. Der Ortsgruppenleiter war für die Bewilligung der zwangsbewirtschafteten Ziegel zuständig. Als ich in seinem Büro einen Antrag vorlegte, erklärte mir sein Stellvertreter, daß ich Dachziegel ja nun wohl nicht mehr nötig habe. Nach dem kurz bevorstehenden Endsieg würde man kurzen Prozeß mit mir machen. Es war erstaunlich, wie die

Parteifunktionäre unmittelbar vor dem Ende noch an Hitlers Wunderwaffe glaubten.
Sorge bereitete mir mein Bruder Gerhard. Er war bei Stalingrad durch einen Kopfschuß schwer verwundet worden, hatte einige Wochen Lazaretturlaub und war zur Erholung zu mir gekommen. Frau Liehr umsorgte ihn rührend, aber im durchnäßten Pfarrhaus konnte er nicht bleiben. Da rettete uns ein freundliches Angebot von Frau Emmy Wessel. Wir mieteten in ihrem noch unbeschädigten Haus an der Warburger Straße zwei Zimmer und bereiteten, soweit man überhaupt davon noch reden konnte, den Umzug vor.
Die Abdinghofkirche erlebte am 22. März 1945 den dunkelsten Tag ihrer Geschichte. Britische Bomber warfen neun schwere Luftminen über der Innenstadt ab. Eine von ihnen hatte im Dompürting eine Gruppe von Frauen und Mädchen auf dem Weg von der Abendmesse zum Luftschutzraum getötet. Eine zweite hatte den Chor unserer Kirche getroffen, ihn auseinandergerissen und erhebliche Schäden auch in der Krypta und im Mittelschiff angerichtet sowie beide Seitenschiffe noch schwer beschädigt. Ein hochrangiges Denkmal abendländischer Kultur wurde sinnlos vernichtet, und unsere Gemeinde hatte ihren Mittelpunkt verloren. Als ich nach dem Bombardement vor den Trümmern meiner geliebten Kirche stand und das sinnlose Werk der Zerstörung zu verarbeiten versuchte, kamen Zweifel und bange Fragen auf. Wenn das das Werk der Befreier war, was hatten wir noch zu erwarten? Aber die Verantwortung für die nächsten Schritte gewann wieder die Oberhand vor der Klage und der Rückschau auf das Vergangene. Die Karwoche mit vielen Gottesdiensten stand vor der Tür. Wo sollten wir bleiben? Diese Sorgen erwiesen sich bald in furchtbarer Weise als überflüssig.
Der schnell folgende eigentliche Schicksalsschlag der Stadt, der 27. März, begann nicht einmal unfreundlich. Eine frühlingshafte Sonne leuchtete über der trotz aller Kriegswunden noch immer rührigen Stadt. Es gab zunächst nicht einmal Alarm. Ich hatte nach dem ersten Kriegsjahr im Refektorium des alten Abdinghofklosters, das uns als Gemeindesaal und Büro diente, einen feuerfesten Schrank in die meterdicke Wand einmauern lassen und darin die Kirchen- und Lagerbücher sowie die wichtigsten Urkunden untergebracht. Dieser Schrank hatte den Angriff vom 22. März gut überstanden. Alarmiert durch den traurigen Zustand des Pfarrhauses, hatte ich noch einige mir wichtig erscheinende Akten in den Schrank überführt und war mit dem Ordnen und Transportieren der Papiere bis zum Nachmit-

tag beschäftigt. Mein Bruder hatte sich schon in die Warburger Straße begeben.
Der Warnsender Primadonna kündete am Nachmittag gegen 17 Uhr starke Verbände im Anflug auf die Quadrate Konrad-Siegfried an. Immer wieder warnte er Konrad-Siegfried. Das konnte nur Paderborn bedeuten. Es war also höchste Gefahrenstufe. Ich hoffte, meinen Bruder vor dem drohenden Alarm zu erreichen, und lief los. Am Kasseler Tor holten mich die heulenden Sirenen ein, und kurz darauf gab es die ersten Detonationen aus der Richtung meiner gerade verlassenen Wohnung. Ein Rennpferd hätte nicht viel schneller das Haus Wessel erreichen können, das in der Mitte der Warburger Straße lag. Ich fand die Türen offen und meinen Bruder mit allen Bewohnern im Keller.
Inzwischen rollten die Todesbomber ihre Teppiche über der Stadt aus. Kurze Zwischenpausen wurden uns zu fast unerträglicher Qual, ahnte doch jeder, daß es gnadenlos weitergehen würde, und dann donnerten die Bomber etwa eine halbe Stunde über uns hinweg. Es folgte Einschlag auf Einschlag, zunächst noch in einiger Entfernung in Richtung Innenstadt, bis ein furchtbares, vom Boden ausgehendes Beben und Krachen den Keller erzittern ließ, kurz darauf wieder ein neuer Treffer auf der anderen Seite. Wir hatten überlebt, aber die einsetzende Stille erwies sich als trügerisch. Plötzlich unheimliche Geräusche wie Hammerschläge auf unserm Dach! Eine neue Welle von Bombern war herangerollt und hatte das Trümmerfeld der Stadt mit 75.000 Stab- und Phosphorbrandbomben übersät, um den Rest verbliebenen Lebens zu vernichten. Etwa ein Dutzend hatten auch bei uns Dach und Decken durchschlagen und begannen sich zu entzünden. In allen Zimmern befanden sich Wassereimer und Besen, und es gelang uns, die aufflammenden Brände im Keim zu ersticken und die noch nicht entzündeten Stäbe aus den Fenstern zu werfen. Erleichtert, aber völlig erschöpft umarmten wir Überlebenden uns. In der Küche erwiesen sich die Zuleitungen von Gas und Elektrizität unterbrochen, auch gab es, was schlimmer war, kein Wasser mehr. Eine Flasche Sekt, die im Keller lagerte, wirkte wie eine entspannende und belebende Medizin.
Noch ahnten wir nicht das Ausmaß des Grauens, das sich unten in der Stadt ausgebreitet hatte, und auch nicht die Gefahren, die uns auf dem Weg dahin drohten. Wie mochte es draußen, wie überhaupt in der Stadt, in meinem Pfarrhaus aussehen? Mit Hilde von Berg und Gisela Hartmann begab ich mich ins Freie. Wir stellten erleichtert

fest, daß in den Nachbarhäusern zur Rechten und zur Linken niemand verletzt war. Die Sprengbomben um uns herum waren in die Gärten gefallen. Die Warburger Straße war passierbar, aber nach wenigen Metern gerieten wir in einen orkanartigen Luftsog, wohl Ausläufer des Feuersturms in und über der Innenstadt und noch so gewaltig, daß er Telegraphenmasten wie Streichhölzer knickte. Wir hatten uns instinktiv zu Boden geworfen, konnten aber bald unversehrt wieder aufstehen und weitergehen.
Vor uns lag die brennende Stadt unter einer grauschwarzen riesigen Wolke. Auf halbem Wege zum Kasseler Tor begegneten uns – verdreckt und verschmutzt, auch verwirrt und verwundet – erste Flüchtlinge. Entsetzliche Berichte! Angstvolle Fragen! Auf der Mitte der Straße umstanden ein paar Gestalten einen laut redenden Mann. Er hatte ein Weckglas in der Hand – aus dem eigenen Keller oder schon organisiert? – und teilte an jeden der Umstehenden aus.
Die Unterführung vom Kasseler Tor war verschüttet. Beim Überqueren der verbogenen und schuttüberladenen Geleise starrten wir in ein flammendes Inferno. Völlig verschwunden das gewohnte Bild vertrauter Straßenzüge und Häuser. Die hohe Mauer links mußte das erzbischöfliche Palais gewesen sein, die rechte das Kolpinghaus. Da, wo wir weitergehen wollten, hinderten uns brennende Balken und Steingeröll, so daß wir immer wieder kleine Umwege machen mußten.
Und dann standen wir an der Stelle, wo mein Pfarrhaus stehen mußte, in dem ich vor wenigen Stunden noch gearbeitet hatte. Eine Luftmine und Brandbomben hatten es bis auf ein kleines Stück Hauswand, das einmal zur Burgmauer gehört hatte, zerstört. Nur glimmende Aschenreste kündeten von meiner stattlichen Bibliothek, und auch die kleinen Kostbarkeiten, die meine Mutter mir anvertraut hatte, weil sie sie bei mir sicherer wähnte als im grenznahen Godesberg, waren vernichtet. Wie so viele Gemeindeglieder hatte auch ich meine gesamte Habe bis auf die Kleidung, die ich gerade trug, verloren, und ich war nicht einmal traurig, daß ich keine Ausnahme bildete.
In meinem Garten hatte der geliebte Birnbaum die Vernichtung überstanden, und auch die alte Ulme am Aufgang war unversehrt, und was noch erstaunlicher war, der alte Geräteschuppen, nur durch einen Weg vom Pfarrhaus getrennt, hatte, zwar beschädigt, überdauert. An seine Mauer preßte sich des Nachbarn weiße Katze, die miauend Trost suchte und die Welt nicht mehr verstand.
Aus den Trümmern vor uns zum Domplatz starrten gespenstisch ge-

fährliche Hügel von Eisenteilen und brennenden Holzbalken, auf denen die Flammen sich unheimlich weiterfraßen. Beißender Brandgeruch wurde immer dichter, die Luft heißer, die Häuser am Markt standen in Flammen. In Richtung Abdinghof konnten wir nicht weitergehen und mußten zurück zum Kasseler Tor. Mit Mühe entkamen wir einem fallenden Fensterrahmen, dann einer stürzenden Mauer. In dem Feuerschein der Blindenanstalt irrten ihre Insassen verzweifelt in Hof und Garten umher, ein alter Mann kniete fassungslos vor einem Toten.

Die Überlebenden aus Kellern und Bunkern hatten sich herausgearbeitet, fragten, berichteten, klagten. Sie trösteten auch, halfen Verletzten und teilten gerettete Lebensmittel. Wo immer man sich, ob bekannt oder unbekannt, in dieser Nacht traf, ergab sich eine alle Grenzen überwirkende Solidarität, getragen von der menschlichen Urfreude, gemeinsam dem Tod entronnen zu sein.

Es ist ein heute schwer zu beschreibendes, in eine andere Dimension hineinpendelndes Gefühl, das von allen Belastungen wunderbar freistellt und sich mit jedem, auf den man nach den Todesschrecken lebendig trifft, in geheimnisvoller Weise geradezu verwandtschaftlich verbunden weiß.

Auf der Warburger Straße bewegte sich eine unüberschaubare Flüchtlingskarawane und drängte mit Koffern, Kisten und überladenen Handwagen in die umliegenden Dörfer. In übergroßer Freude entdeckte ich auch immer wieder Gemeindeglieder darunter, obwohl sich die meisten von ihnen in Richtung Marienloh, Lippspringe, Schlangen auf den Weg gemacht hatten. In dieser Nacht des Grauens kam in Paderborn außer den Toten wohl niemand zur Ruhe.

In der Morgendämmerung machten wir uns wieder zum Abdinghof auf, versuchten diesmal den Zugang vom Kamp her über den Marienplatz. Auch hier schreckliche Bilder, zerstörte Häuser, Menschen, die in den Flammen umgekommen waren, rings um die Abdinghofkirche ein einziges Trümmerfeld. Was die Luftmine an Gestühl und Orgel übriggelassen hatte, war den Brandbomben zum Opfer gefallen. Der Kindergarten brannte noch immer, der Zugang zum Gemeindebüro mit seinem feuerfesten Schrank war versperrt. Im Augenblick war hier nichts zu tun.

Wieder in der Warburger Straße, wurde über die nächsten Schritte nachgedacht. Die Alliierten rückten auf Paderborn zu, während in Sennelager noch deutsche Kampfverbände lagen. Mein verwundeter Bruder bat mich dringend, ihn zu einem deutschen Truppenteil zu

bringen, da er den Amerikanern nicht in die Hände fallen wollte. Da ich den Großteil meiner Gemeindeglieder in und um Schlangen wußte, sich dort auch noch eine reguläre Aufklärungsabteilung aufhielt und überdies Familie Wessel in Schlangen ein Ausweichquartier gemietet hatte, wurde einstimmig beschlossen, so schnell wie möglich vor der Einnahme der Stadt in Richtung Schlangen aufzubrechen.
Das abenteuerliche Unternehmen glückte tatsächlich mit Hilfe von Gisela Hartmann, die noch über ein Gespann auf einem nahe gelegenen Bauernhof verfügte. Mein Bruder fand Anschluß an eine deutsche Abteilung, die sich in Richtung Kassel absetzte, die Damen fanden Unterkunft in ihrer Notwohnung, und ich erinnerte mich an ein Försterehepaar, das ich vor Jahren in Soest getraut hatte und das ich in einem nahe gelegenen Forsthaus am Rande der Senne vermutete.
Oberförster Kaspers tat irgendwo an der Ostfront Dienst, seine Frau hatte mit zwei russischen Kriegsgefangenen versucht, die Forstwirtschaft aufrechtzuerhalten, war aber über die Kriegslage sehr beunruhigt und wollte die Gefangenen loswerden. Sie nahm mich freundlich auf, sah in mir auch wohl den helfenden Retter und bat mich, die Russen wieder zu dem deutschen Kommando in Sennelager zu bringen. Die Waffe ihres Mannes, die sie mir in die Hand gedrückt hatte, gab ich ihr sofort zurück, ihre Bitte konnte ich nicht ablehnen, erbat mir aber den eichenen Spazierstock des Försters.
Die breitschultrigen Russen, offenbar gut behandelt, waren nicht aggressiv, aber wenn sie auf den einsamen Waldpfaden in ihrer Muttersprache tuschelten, hatte ich das ungute Gefühl, daß sie meine Beseitigung diskutierten. Auf meine Gesprächsbemühungen antworteten sie aber nicht unfreundlich. In Lagernähe trennten wir uns, und ich wanderte den einsamen Weg in gelöster Stimmung zurück. Frau Kaspers, von einer großen Sorge befreit, hatte inzwischen ein Gastzimmer für mich vorbereitet.
Die Amerikaner hatten Paderborn, von den deutschen Verbänden nur hinhaltend verteidigt, am Ostersonntag, dem 1. April, eingenommen. Sie verwehrten, um der Seuchengefahr zu begegnen, sofort allen Zivilisten den Zugang zur Stadt. Nur mit Mühe gelang es mir, einen farbigen Militärposten dazu zu bewegen, mich anzuhören und ihn auf meine Armbinde mit dem violetten Kreuz hinzuweisen. Bei ihrem Anblick bekreuzigte er sich und ließ mich und meine Begleiterinnen willig hinein. Auf der Warburger Straße standen wir vor der Nr. 47 staunend wie vor einem Wunder. Das Haus war ungeplündert und unbewohnt. Auf dem Kaminsims stand die Visitenkarte eines

Abb. 5: „Ökumene" auf dem Schützenfest: mit Erzbischof Lorenz Jaeger und „Hofstaat" auf dem „Schützenthron"

Abb. 6: Im Gespräch mit hohen Herren: (von rechts) Bürgermeister Tölle, Bundespräsident Lübke und Stadtdirektor Dr. Fischer

englischen Captains: „With compliments for Mrs. Wessel." Frau Emmy Wessel hatte eine englische Mutter und von daher einen Bekanntenkreis, zu dem dieser Offizier gehörte. Er hatte zwei Tage und Nächte dort gewohnt und seiner nichtsahnenden Gastgeberin mit einem „off limits" gedankt.
Meinem Amtsbruder Rahe war es ähnlich wie mir ergangen, auch sein Pfarrhaus an der Neuhäuser Straße war völlig zerstört, ebenso wie die benachbarte Herberge zur Heimat. Nicht weit davon war unser evangelisches Krankenhaus mit dem daneben liegenden Paul-Flemming-Haus erhalten geblieben, in letzterem hatte er in der Schreckensnacht Zuflucht gefunden und konnte auch hier mit seinen Gottesdiensten wieder beginnen.
In meinem Bezirk war die Landesfrauenklinik, wohl weil außerhalb des alten Stadtkerns, fast unbeschädigt davongekommen. In ihr bereitete ich meinen zweiten Gottesdienst nach der Brandkatastrophe vor, nachdem ich den ersten Ostern in der Schlangener Kirche für unsere Gemeindeglieder auf der Flucht gehalten hatte. In der Klinik bereitete ein kleiner Kreis treuer Schwestern den Gottesdienst vor, und da ich in der Kapelle regelmäßig Gottesdienst gehalten hatte, waren auch Talar und Agende vorhanden. Obwohl die Einladung nur mündlich weitergesagt werden konnte, war der kleine Raum überfüllt, aus dem das „Lobe den Herrn" die ganze Klinik erfüllte. Lob und Dank waren überhaupt in diesen Tagen unser Thema. In unserer geschundenen Stadt, in der die meisten in Kellern oder Trümmern hausten und in der es kein Licht und kein Wasser gab, wurde mit dem Einzug der Alliierten kein fröhlicher Jubel laut, aber dennoch bewegte und erfüllte uns ein tiefes Gefühl der Dankbarkeit für die Freiheit, die wir trotz neuer Reglementierungen fühlten.
Die Kapelle der Frauenklinik war ein außergewöhnlicher Glücksfall, erwies sich aber bald als zu klein, da schon bei dem zweiten Gottesdienst die Teilnehmer bis weit in die Flure hinein standen. In unsern Schwierigkeiten erschien mir der Busdorfpfarrer Anton Thöne wie ein himmlischer Bote, als er mir seine Kirche, die die Angriffe einigermaßen überstanden hatte, zur Mitbenutzung anbot, und am Pfingstsonntag, dem 21. Mai 1945, fand unser erster Gottesdienst in Busdorf statt.
Als die britische Militärverwaltung das Zuzugsverbot aufhob, kehrten die Bürger, die nach dem Bombardement Zuflucht in der Umgebung gefunden hatten, in die Stadt zurück. Gleichzeitig strömten auch Neugierige herein, die etwas sehen oder auch „an Land ziehen"

wollten. Es hatte sich herumgesprochen, daß die frei umherstreifenden russischen Kriegsgefangenen einiges übriggelassen hätten und man daher in der Trümmerstadt billig „einkaufen“ könne.
Es war auffallend, daß es überhaupt keine Nazis mehr gab. Niemand wollte dazugehört haben. Aktive Parteigenossen bezeichneten sich als tapfere Widerstandskämpfer. Später verlangten sie von uns Pfarrern Persilscheine zu ihrer Entnazifizierung.
Im Sommer 1945 hatte sich das Bild schon gewandelt. Wo immer man hinsah, überall eine ameisenemsige Tätigkeit. Man schippte, fegte, karrte. Aus den Trümmern wurden die noch brauchbaren Steine herausgesucht, abgeklopft und für den späteren Wiederaufbau geschichtet. Was unermüdliche Frauenhände hier leisteten, ist in die Annalen der Nachkriegsjahre eingegangen. Nach wenigen Monaten waren die meisten Häuser, auch die Bürgersteige und Straßen bis auf einige Schutthalden freigelegt. Einsatzwillige Gemeindeglieder hatten an der Abdinghofkirche pausenlos gearbeitet und die Ruine in eine aufgeräumte Ruine verwandelt. Der eingemauerte Stahlschrank im Kirchenbüro hatte seine Feuerprobe bestanden, die Kirchenbücher waren unversehrt.
Noch vor gar nicht langer Zeit hatten wir in den Bombennächten geseufzt: „Lieber trocken Brot in Frieden essen als die mörderischen Angriffe erdulden.“ Das trockene Maisbrot war freilich auch eine bittere Angelegenheit, und wer keine bäuerlichen Verwandten hatte, hungerte wirklich. Das Leben stellte täglich neue Anforderungen, aber die Widerstandskräfte waren bei vielen erlahmt und der Ernährungsnotstand besorgniserregend. Um nur ein Beispiel zu nennen: Bei einer meiner ersten Trauungen in der Klinik brach der Bräutigam vor dem Altar bei dem Jawort ohnmächtig zusammen.
Die karitativen Sorgen brannten mir auf den Nägeln. Da stellten sich drei junge Mädchen, Marianne Fister, Herta Brandt und Brunhilde Engemann, so spontan für die diakonischen Aufgaben zur Verfügung, als seien sie mir vom lieben Gott geschickt. Ich konnte mit ihrer Hilfe schon im Mai 1945 das evangelische Hilfswerk beginnen und im August des gleichen Jahres die Bahnhofsmission in Angriff nehmen.
Der soziale Hilfsdienst erforderte eine günstig gelegene Anlaufstelle innerhalb der Stadt, in der wir Sprechstunde halten konnten und auch einen Raum hatten, in dem es möglich war, Kleider und Lebensmittel zu lagern. Die immer hilfsbereite Frau Elfriede Sprenger stellte uns für diesen Zweck zwei Räume am Gierswall 8 zur Verfügung. Es

freut mich noch heute, wie unser junges Team mit Elan, Mut und Zuversicht auch schwierige Aufgaben anfaßte und im richtigen Augenblick das Richtige tat. Weil es helfen wollte, fand es auch immer eine Möglichkeit.

Unsere Hände wurden gefüllt von den wenigen in der Gemeinde, die noch etwas behalten hatten, von den Pfarrämtern der Umgebung, von den vielgeschmähten Bauern, die besonders für die Bahnhofsmission Brot und Milch spendeten. Etwas später sprangen die Hilfsorganisationen aus Amerika und Schweden ein. In grünen Uniformen kamen fünf junge Damen aus Irland und waren immer bereit, uns aus ihrer Hilfsstation in der Benhauser Straße in vielerlei Weise zu unterstützen. Findige amerikanische Farmer brachten es einmal fertig, eine lebendige Kuh bei uns abliefern zu lassen. Besondere Erwähnung verdienen die Carepakete aus den USA. Mit ihnen konnten wir in vielen Fällen helfen, in einigen auch buchstäblich vor dem Verhungern bewahren. Keiner, der bei uns im Gierswall anklopfte, hat meines Wissens uns ohne eine Hilfe wieder verlassen. Die stattliche Gruppe der Bezirksfrauen der Frauenhilfe hielt uns über die Notlagen in ihren jeweiligen Bezirken auf dem laufenden, und sie konnten dann ganz gezielt vor Ort unsere Hilfe vermitteln.

Der Stadtkommandant und seine Offiziere verhielten sich, wenn ich mit ihnen zu verhandeln hatte, in den ersten Wochen herablassend und arrogant, aber auch später vermieden sie jede nichtamtliche Berührung. Nur Captain Benett von der Militärpolizei, der in unserm Nachbarhaus einquartiert war, machte eine beachtenswerte Ausnahme. Er war in seiner anglikanischen Heimatgemeinde in Norfolk Organist und suchte in Paderborn mit dem lutherischen Pfarrer Kontakt. Er war so hilfsbereit, daß er anbot, auf dem Weg zu seinem Hauptquartier in Bad Godesberg für meine Mutter einige Grundnahrungsmittel mitzunehmen. Man stelle sich vor, der Kommandeur der britischen Militärpolizei transportierte in den ersten Nachkriegsmonaten für die Mutter eines deutschen Pastors einen Sack Kartoffeln!

Als die ersten Züge wieder fuhren, anfangs mit Menschentrauben auf Trittbrettern und Dächern, wurde das zerstörte Paderborn Verkehrsknotenpunkt für Flüchtlinge und Heimatlose, Kriegsgefangene und Kriegsbeschädigte, Heimkehrer von Ost nach West oder in umgekehrter Richtung. In einem Monat allein wurden von unserer vereinigten Bahnhofsmission über 600 Flüchtlinge mit einem Obdach versorgt und über 1.200 verpflegt. Unsere unermüdlichen Helferinnen waren eigentlich immer im Einsatz, empfingen die Ankommenden

mit einem freundlichen Willkommen, versorgten die Durchreisenden mit heißem Kaffee, die Mütter und kleinen Kinder mit Milch. Oft gaben unsere Gäste beim Abschied ihrer Dankbarheit und Verwunderung Ausdruck, daß sie in der zerstörten Stadt soviel tatkräftige Hilfsbereitschaft gefunden hätten.
Es bleibt erstaunlich, daß in der Innenstadt schon im Herbst 1945 viele Häuser, wenn meist auch nur teilweise und oft sehr notdürftig, wieder bewohnbar waren. Auch uns gelang es, den Geräteschuppen auf dem Pfarrhof so weit herzurichten, daß ich wieder einen Raum für Konfirmandenunterricht, Besprechungen und Sitzungen besaß. Ich plante auch den Ausbau des Dachstuhls, um für Küster oder Gemeindeschwester eine kleine Wohnung zu haben. Meine eigene Wohnung im Hause Wessel war sehr angenehm, aber doch vom Zentrum ziemlich weit entfernt. Es war wieder Frau Sprenger, die eine ideale Lösung fand. Sie vermittelte mir zwei möblierte Zimmer im Haus von Dr. Rüsing, nur wenige Schritte vom Hilfswerk entfernt. Meinen Mittagstisch hatte ich im nahe gelegenen Vinzenzkrankenhaus, meinen Abendtisch bei Frau Sprenger, so daß ich in meinem Junggesellendasein einigermaßen über die Runden kam.
Ich hatte das Glück, da ich nie mit der NSDAP irgend etwas zu tun gehabt hatte, sehr schnell ein Auto bewilligt zu bekommen, und kaufte zunächst einen alten Ford Köln und dann einen kleinen DKW. Wer in jenen Tagen ein Auto besaß, sah es als Ehrensache an, auf allen Fahrten Gäste mitzunehmen. Bei einer Fahrt nach Soest hatte ich den Erzbischof Lorenz Jaeger und Dompropst Paul Simon im Wagen. Kurz vor Salzkotten gab es eine Reifenpanne, nichts Ungewöhnliches, da alle Straßen mit Trümmerresten und Nägeln übersäht waren. Ich hatte glücklicherweise einen Ersatzreifen im Wagen und konnte den Schaden beheben, aber ich habe nie wieder bei einem Reifenwechsel so sehr geschwitzt. Ganz ungeschickt muß ich mich aber nicht angestellt haben, denn der Dompropst bot mir Beteiligung an den Fahrkosten an, wenn ich ihn zu späteren Fahrten wieder einladen würde. Im übrigen habe ich auch später in Paderborn von der Gemeinde oder dem Landeskirchenamt nie auch nur einen Pfennig für Anschaffung oder Fahrkostenerstattung erhalten.
Überall in der Gemeinde war jetzt die Hoffnung lebendig, daß wir auch den Wiederaufbau der Abdinghofkirche in Kürze beginnen könnten. Kaum einer konnte jetzt noch die Bedenken und Zweifel der ersten Tage verstehen, als niemand einen Wiederaufbau der Stadt für möglich hielt. Wenn man in den ersten Zeiten nach dem schweren

Angriff sich über die Trümmerberge einen Weg zur Kirche gebahnt hatte, sah man gelegentlich von dem alten Klosterhofgelände ein Falkenpaar seine Kreise um die Kirchenruine enger und enger ziehen, bis es in die ausgebrannten Türme einflog. Wie jene Segler der Luft zogen auch die Gedanken vieler Paderborner, vor allem der Glieder der evangelischen Gemeinde, immer wieder und immer enger zu den Trümmern dieses mit so reicher Geschichte verbundenen Gotteshauses. In die Trauer um das Verlorene mischte sich schnell der entschiedene Wille zum Wiederaufbau der ganzen Kirche. Zunächst freilich mußten manche Bedenken verständlicher Resignation, ebenso wie der Gedanke einer Not- oder Teilkirche, etwa in einem Seitenschiff des alten Gebäudes, überwunden werden.
Die allgemeine Stimmung begünstigte den Vorschlag eines Architekten, das südliche Seitenschiff, dessen Wände der Vernichtung entgangen waren, mit einem neuen Dach zu versehen und zu einer Notkirche um- und auszugestalten. Ich konnte mich mit diesem zunächst sehr einleuchtenden Gedanken nicht befreunden, da ich fürchtete, daß ein annehmbares Provisorium, wie so oft, auch im Fall Abdinghof das Gesamtvorhaben ad calendas graecas verschieben würde. Die Gemeinde wäre zunächst einmal zufriedengestellt, und bei allen Behörden – Abdinghof stand unter Denkmalschutz – würde unser Projekt aus der Dringlichkeitsliste verschwinden. Die Meinungsverschiedenheiten und erheblichen Auseinandersetzungen verliefen nicht gradlinig zwischen den Pfarrbezirken. Pfarrer Rahe unterstützte den Gedanken des Teilaufbaus und erhielt Hilfe vom kirchlichen Bauamt und Landeskirchenamt. Ich befürwortete entschieden den Wiederaufbau der Gesamtkirche und fand Unterstützung beim Provinzial- und Landeskonservator. Der Standhaftigkeit meiner Vertreter war es zu danken, daß der Wiederaufbau der Gesamtkirche von Anfang an und konsequent beschlossen und betrieben wurde. Die notwendigen Arbeiten am südlichen Seitenschiff sollten natürlich sofort als Teilabschnitt des gesamten Wiederaufbaus in Angriff genommen werden und einstweilen nur aus Wiedereindachung und Neuverglasung bestehen.
In vielen Gesprächen und Überlegungen entwickelten wir die Grundgedanken für den Wiederaufbau. Für die bauliche Gestaltung mußte das Erbe der Vergangenheit Verpflichtung sein. Gesamtraum und Grundriß, die Maße der Schiffe und Flächen, der Pfeiler und Bögen haben wohl durch Bischof Meinwerk für diese Kirche ihre bleibende Festlegung erfahren und bildeten daher bei der neuen Planung

kein ernsthaftes Problem, während fast alle Fragen der Einzelgestaltung im Inneren der Kirche offen waren und eine verschiedenartige Beantwortung finden konnten. Da eine Wiederherstellung des Innenzustandes vor 1945 sich als unmöglich erwies, erwuchs jetzt die Aufgabe, mit den von der Armut bestimmten Mitteln der Gegenwart und auch aus dem Erlebnis der Katastrophen des letzten Krieges zu versuchen, das alte und tröstende Wunder christlichen Glaubens erneut und vielleicht auch neuartig zum Ausdruck zu bringen. Nachdem Baurat Schwalm in diesem Bemühen die ersten Bauabschnitte begonnen hatte, gelang Baurat Steinbiss die Vollendung in, wie es mir scheint, hervorragender Weise.
Die Paderborner Aufbaupläne empfingen freilich eine kalte Dusche, als eine Abordnung unserer Gemeinde mit der Bitte um Rat und Hilfe im Landeskirchenamt in Bielefeld vorstellig wurde. Sie erhielt den behördlichen Rat, die Abdinghofkirche aufzugeben und statt dessen zwei neue Kirchen in den bewohnteren Außenbezirken zu bauen. Unsere Kirchenvertreter waren enttäuscht, sie ließen sich aber nicht entmutigen. Wir waren fest entschlossen, Abdinghof unter allen Umständen wieder aufzubauen.
Witterungseinflüsse hatten den verbliebenen Mauern der Kirche schon erheblich zugesetzt. Sicherung und Abstützung zur Verhütung weiteren Verfalls hatten Kosten verursacht, die uns Sorge bereiteten. Ich hatte mich an alle Kirchengemeinden Westfalens mit der Bitte um Übernahme von Bausteinen gewandt, wurde aber enttäuscht. Die von der Vernichtung verschonten Gemeinden antworteten, von wenigen Ausnahmen abgesehen, überhaupt nicht oder entschuldigten sich mit eigenen Schwierigkeiten, wogegen andere, die Schäden erlitten hatten, in großherziger Weise halfen. Die alte Erfahrung, daß die ärmsten Glieder der Kirche ihre treuesten und opferwilligsten Kinder sind, gilt wohl nicht nur für den einzelnen Christen, sondern auch für ganze Gemeinden.
Mein kleines Auto war mir jetzt eine große Hilfe. Ich suchte in der Umgebung einen zuverlässigen Bauunternehmer mit einem unversehrten Betrieb, der bereit und in der Lage war, alle Arbeiten beim Kirchbau zu übernehmen, und auch willens war, auf die Erfordernisse der von mir begrüßten wissenschaftlichen archäologischen Ausgrabungen des Landesdenkmalamtes Rücksicht zu nehmen. Ich verhandelte in Altenbeken, Lippspringe und Salzkotten vergeblich und erhielt endlich in Schlangen eine positive Antwort von Herrn Brinkmann, falls ich für den hohen Zementbedarf aufkommen könne. Da-

zu war ich in der Lage. Friedhelm Mohn, der Direktor eines Paderborner Zementwerkes, hatte mir das Material zugesagt. Otto Nies, der Chef der Paderborner Brauerei, sicherte mir das nötige Bier zu, um die Maurer bei Laune zu halten. Jetzt fehlte mir außer den Geldmitteln notwendig ein begnadeter Architekt. Ich fand ihn in Oberbaurat Friedrich Steinbiß, er war der neue Leiter des Staatshochbauamtes. Bei unserer ersten Begegnung fragte er mich, ob ich glaube, daß ein Ungläubiger eine Kirche bauen könne. Ich antwortete impulsiv, mich an Corbusier erinnernd: „Ja, wenn er aufgeschlossen das Anliegen der Kirche berücksichtigt." Darauf er: „Dann stehe ich Ihnen, wenn Sie wollen, zur Verfügung. Auf eine Kostenrechnung werden Sie vergeblich warten." Ich hatte leider keine Vollmacht, sein großzügiges Angebot sofort anzunehmen, bat ihn aber, über einen Entwurf nachzudenken.

Mit Baurat Steinbiß fuhr ich zum Kultusministerium nach Düsseldorf, in dem Frau Dr. Christine Teusch die Geschäfte führte. Sie hörte uns geduldig und verständnisvoll an, dann gab sie eine kluge und aufmunternde Antwort. Ihre Beihilfe für unsere unter Denkmalschutz stehende Kirche würde dem Betrag entsprechen, den die Gemeinde durch Eigenfinanzierung aufbringe. Das war eine verlockende Zusage, die uns bei unseren Gesprächen und Auseinandersetzungen sehr zu Hilfe kam. Mit nun begründetem Optimismus gingen wir weiter ans Werk, und mit Hilfe der sich mit ganzer Kraft einsetzenden Herren Frederking und Tölle, die unablässig für den Wiederaufbau warben, gelang es mir, den Oberstaatsanwalt Herrn Dr. Jaene als Vorsitzenden für die geplante Vereinigung zur Rettung der Abdinghofkirche zu gewinnen. Am 5. Dezember 1948 konnten wir sie ins Leben rufen, und unvergessen bleibt die Eröffnungsansprache des Vorsitzenden: „Gott ist kein Luxus, mit dem und mit dessen Haus man sich erst zu beschäftigen braucht, wenn wieder satte Zeiten herrschen. Im Gegenteil: Nie ist uns der Trost, den wir im Gottesdienst empfangen, nötiger und nützlicher als in der Zeit des Leidens. Darum, trotz der Not, nein gerade wegen der großen Not unseres Volkes, helft uns, damit in unserer schönen alten Abdinghofkirche Gott bald wieder eine würdige Stätte der Anbetung erhält."

Das bare Geld saß ein halbes Jahr nach der Währungsreform nicht locker, und um aber dennoch allen den Beitritt zu ermöglichen, wurde der Mindestbeitrag auf 10 Pfennig monatlich festgelegt. Unsere unermüdlichen Bezirksfrauen zogen die Beiträge persönlich ein und erfüllten ihre Aufgabe so überzeugend, daß sie fast mit jedem Beitrag

Abb. 7: Blick in das Innere der nach dem Krieg wieder aufgebauten evangelisch-lutherischen Abdinghofkirche

zusätzliche Gelder erhielten. Ein Beitragsheft mit dem Bild der zerstörten Kirche und vorgezeichneten Feldern für die Quittungsmarken war äußerst werbewirksam. Die Zahl der Mitglieder, unter denen sich viele katholische Paderborner befanden, betrug ungefähr 1.800. Sie brachten allein durch die regelmäßigen Monatsbeiträge fast 40.000 DM zusammen. Über die Vereinigung hinaus schien der Wiederaufbau Abdinghofs ein Anliegen der gesamten Bevölkerung geworden zu sein. Sammelbüchsen standen in verschiedenen Kassen, Listen lagen in Geschäften aus, Betriebe überwiesen namhafte Spenden. Die Zementsäcke vom Werk Ilse für sämtliche Bauabschnitte und das Bier von der Aktienbrauerei wurden als Sachspenden aufgeführt und für den Bericht an das Kultusministerium in DM umgerechnet. Es gab auch zweckbestimmte Einzelgaben, etwa für die Fenster oder den Altar.

Luther sah die Kirche als eine Kirche des Wortes und des Sakramentes. Die lutherische Messe gipfelte daher in zwei Höhepunkten, der Auslegung des Wortes Gottes und der Feier des heiligen Abendmahles. Von dieser Basiserkenntnis aus hatte der Kirchenbaumeister sein Konzept zu entwickeln. Es war ein weites Feld, das Steinbiß und ich in unseren Gesprächen zu durchmessen hatten. Wir sahen uns jetzt fast täglich. Auch das Bauamt der Landeskirche stimmte nunmehr mit uns dahin überein, daß die Abdinghofkirche nicht aufgegeben werden durfte, und befürwortete eine Wiederherstellung des Zustandes von 1945. Die Konservatoren in Düsseldorf und Münster neigten zu einem Rückgriff auf ältere Formen der Baugeschichte.

Das Bestechende an dem Entwurf von Steinbiß bestand wohl darin, daß er die unvergleichlich schönen und beruhigenden Maße des Basilikabaus in ihrer Reinheit wiedererstehen ließ und da, wo er die Erfordernisse der Gemeindekirche zu berücksichtigen hatte, aus dem genius loci die Gestaltung des Chorraums neu plante und nicht einfach die Formen aus der Restaurierung des letzten Jahrhunderts übernahm.

Die Gemeinde erhielt für Abdinghof vom Landeskirchenamt bisher keine Mittel, wohl aber den Besuch der Herren vom kirchlichen Bauamt, die in der Kirche Vermessungen vornahmen. Dabei gerieten sie einmal unversehens in eine Besprechung zwischen Steinbiß und dem Konservator, der sich sehr lobend über den Steinbißschen Entwurf äußerte. Kurz darauf wurde das gesamte Presbyterium nach Bielefeld zitiert. Eine ganze Phalanx von Räten und Beratern war aufgeboten, um sich mit uns auseinanderzusetzten. Wir Paderborner hatten uns

unsere Vorgehensweise überlegt und Baurat Steinbiß als Berater mitgenommen.
Nach den üblichen Präliminarien und kurzen Stellungnahmen verließ Steinbiß das Sitzungszimmer, um nach wenigen Minuten mit einem Modell von Abdinghof, das er bis in die letzten Einzelheiten ausgeformt hatte, zurückzukehren. Er stellte es vor die verdutzten Bielefelder Kirchenräte auf den Verhandlungstisch und konnte daran seine Ideen so überzeugend vorführen, daß der behördliche Widerstand immer schwächer und schließlich ganz aufgegeben wurde. Der Weg war frei für die Annahme seines Entwurfs und die Genehmigung durch das Landeskirchenamt.
Steinbiß beeindruckte besonders mit seinem Entwurf der Taufkapelle, die er im nördlichen Seitenschiff geplant hatte. Auf roten polygonalen Wesersandsteinplatten, das Chaos in der Welt andeutend, erhob sich in ruhiger und klarer Formschönheit der grüne Taufstein. An der Ostwand schwammen Fische, das uralte Symbol des getauften Christen, in die Richtung des Altars; nicht ungefährdet, wie der am Taufbecken aufgestellte Dreifaltigkeitsleuchter mit der an seinem Fuß tückisch züngelnden Schlange mahnte. Die zwei bunten Glasfenster in der Kapelle wiesen in die Geschichte der Abdinghofkirche: Das eine stellt die Taufe Widukinds dar mit Karl dem Großen als Taufpaten; das andere den Reformator Martin Luther, der glaubensstark sein „baptizatus sum“ auf den Tisch geschrieben hat.
Herzog Friedrich von Schleswig-Holstein war einer der größten Waldbesitzer in der Umgebung Paderborns. Er besaß ein kleines Jagdschloß im Lippspringer Wald, in dem er sich von Zeit zu Zeit aufhielt. Durch einen glücklichen Zufall lernte ich bei einem Besuch im Forsthaus Kaspers, der Hausherr war gesund aus dem Krieg zurückgekehrt, den herzoglichen Oberförster kennen, der sich interessiert nach dem Stand der Aufbauarbeiten erkundigte. Kurz entschlossen bat ich ihn, mir eine Audienz beim Herzog zu erbitten.
Wenige Tage später erhielt ich die Nachricht, der Herzog sei an einem bestimmten Tag um 17 Uhr zu Hause. Ich hatte noch keinen Verkehr mit königlichen Hoheiten gehabt und war etwas unsicher, wie die Nachricht zu verstehen und zu beantworten sei. Für den genannten Tag hatte ich mir ein Dutzend Teerosen besorgt und fuhr pünktlich vor der Schloßauffahrt vor. Zu meiner Überraschung wurde ich zum Tee eingeladen und konnte meine Bitte um Holz für die Abdinghofkirche vortragen. Holz war damals ein sehr rares Baumaterial, und ich war auf eine Absage gefaßt. Herzog und Herzogin ließen sich

eingehend über den Wiederaufbau berichten und sagten mir das Holz für die Flachdecke und Bänke der Kirche zu. Als es dann später an die Fertigstellung der Kirchenbänke ging, bot ich dem Herzog ein besonderes Gestühl mit seinem Wappen an. Er meinte aber, er wolle auch in der Abdinghofkirche wie jeder andere sitzen, und hat von dieser Möglichkeit, wenn er wieder im Lande war, zu meiner Freude Gebrauch gemacht. Das Herzogspaar war an liturgischer Lebendigkeit sehr interessiert, und auf seinen Wunsch wurden Kniebänke angeschafft.

Maurer, Handwerker, Steinmetze und Firmen hatten in guter Zusammenarbeit alle Termine eingehalten. Im Vertrauen darauf wagten wir im Februar 1951, die Wiedereinweihung der Kirche auf den 17. März festzulegen und dazu einzuladen. Es gab dann doch noch einige bange Tage, weil das Holz für die Bänke nicht so schnell durch die Trockenanlage lief, wie erwartet war.

Vor unserem großen Festtag galt es Abschied zu nehmen aus der Busdorfkirche. Sechs Jahre waren wir hier Gäste gewesen, willkommene Gäste. Ich hatte jeden Sonntag um 9.30 Uhr Gottesdienst halten dürfen, dazu Abend- und Sondergottesdienste, Taufen und Trauungen. Als einmal der Militärkommandant zur Zeit unseres Gottesdienstes seinen Militärgottesdienst angesetzt hatte, wäre es für Pfarrer Thöne einfach gewesen, mir das bedauernd mitzuteilen. Er tat das nicht. Er fuhr mit mir zusammen zum Kommandanten, und wir erreichten eine Verschiebung des englischen Gottesdienstes.

Obwohl unsere Gottesdienste unmittelbar aufeinander folgten, nahmen beide Gemeinden weitgehende Rücksichten, und auch die beiderseitigen Küster und Helfer standen darin einander nicht nach. Es gehört zu den schönsten Erfahrungen meiner Busdorfzeit, daß das Zusammenwohnen zweier Gemeinden unter einem Dach, das vertrauensvoll und echt begonnen hatte, bis zum Ende schön und ungestört geblieben ist. Es wurde ein bewegender Abschied. Als ich am 11. März zum letzten Mal auf der Kanzel der Busdorfkirche stand und danach Pfarrer Thöne bat, als Zeichen meines Dankes einen goldenen Kelch mit der Widmung: „In necessariis unitas“ anzunehmen, da rollten aus den Augen des greisen Busdorfpfarrers Tränen der Bewegung in den Kelch, den er in seinen Händen hielt.

Das Bild dieses Pfarrers, der wie ein Kind schlicht und fromm glaubte und wie eine Mutter selbstlos sorgend opferte, bleibt mir unvergessen und in gesegneter Erinnerung. „Beten wir füreinander“, so schrieb er mir einmal in ein Buch. Kann es eine schönere Aufgabe für

das Zusammenleben der Konfessionen geben? Auch in Busdorf blieb etwas haften. Ganz unerwartet erreichte mich vor wenigen Wochen ein Brief von der Nichte Pfarrer Thönes und der Tochter des Küsters: „In Erinnerung an die Jahre, da die evangelische Kirchengemeinde ihren Gottesdienst in der Busdorfkirche feiern konnte! In Erinnerung an das gute Einvernehmen aller! Heute sicherlich im ‚stillen Dabeisein' meines Onkels Pfarrer Anton Thöne, Ihnen Herr Pfarrer Mittorp, zu Ihren 85 Jahren unsere herzliche Gratulation. Die Busdorfer."
Nach fast, auf den Tag genau, sechs Jahren fand die feierliche Weihe unserer wiedererstandenen Kirche statt. Ihr Innenraum war schlichter geworden, näherte sich der ursprünglichen Form und trug doch die Zeichen der Moderne. Im Hohen Chor weist ein freistehendes, den ganzen Kirchenraum beherrschendes Kreuz auf das zentrale Wunder des Glaubens. Zwölf Apostelleuchter umstehen im Halbrund den einfachen Altartisch aus vulkanischem Granit, den die Stadt Paderborn uns schenkte. Durch die im anderen Halbkreis knienden Kommunikanten soll die Gemeinschaft der Gläubigen in Zeit und Ewigkeit dargestellt werden.
Wer die Kirche betrat, war nicht nur überwältigt von dem Wunder des Raumes, sondern zugleich aufs stärkste beeindruckt von dem des christlichen Glaubens, das im Altar und Kreuz inmitten der Apostelleuchter sich repräsentiert und die Mitte der ganzen Kirche ist.
Nur mit Mühe konnte sich am Sonnabend vor Palmarum, nach einem Interview im Pfarrhaus, ein Übertragungswagen des nordwestdeutschen Rundfunks den Weg zur Abdinghofkirche bahnen. Hatte sich doch dort fast die gesamte Gemeinde mit vielen Freunden aus der Vereinigung zum Wiederaufbau versammelt und mit ihnen hohe Vertreter der katholischen Kirche, der Landesregierung und der Stadt, des Kreises, der Schulen und der Besatzungsmacht. Die Posaunen intonierten das Lied: „Tut mir auf die schöne Pforte", Baurat Steinbiß übergab den Schlüssel der Kirche an Präses Dr. Wilm, der ihn mir weiterreichte. Ich öffnete dann die Pforte der uns wiedergeschenkten Kirche mit den Sätzen: „Dieser Schlüssel trägt die Zeichen der Apostel Petrus und Paulus, deren Namen von alters her mit dieser Kirche verbunden sind ... Damit wird wieder an der Stelle christlicher Gottesdienst gehalten, wo seit 777 christlicher Gottesdienst stattfand ... Damit ist die Not der Zerstörung überwunden durch den Fleiß und die Opferwilligkeit der Gemeinde und all der Freunde, die uns zur Seite standen ... Lob und Dank aber erfüllt unser aller Herz ... ‚Der Vogel hat sein Haus gefunden und die Schwalbe ihr Nest, da sie

zu Hause sind. Deine Altäre, Herr Zebaoth, mein König und Gott.' Nun öffne ich die Tür dieses altehrwürdigen nun wieder errichteten Gotteshauses im Namen des Vaters, des Sohnes und des Heiligen Geistes. Amen."

Nach den Jubelgesängen der Chöre und der Gemeinde weihte Präses Wilm das Haus Gottes, mit seinem Altar, seiner Kanzel, seinen heiligen Gefäßen. Anschließend hielt ich die Festpredigt über Matthäus 21,8 und faßte sie in den Grundgedanken: „Das neugeweihte Gotteshaus trägt den Adel der Armut, und doch macht es der Adel des Königs, der seinen Einzug hält, reicher als jede andere irdische Stätte." Pfarrer Rahe sprach das Schlußgebet und den Segen. Und das Lied: „Nun danket alle Gott" ist wohl selten mächtiger und dankbarer erklungen als zum Abschluß dieser Weihestunde.

Anderthalb Jahre später konnten wir auch die Glocken wieder aufhängen, nachdem sie überholt worden waren. Sie gewöhnten sich schnell an die neugestalteten Türme, die statt der bisherigen neugotischen Spitzen Satteldächer erhalten hatten. Nun fehlte nur noch die Orgel. Orgelbauer Ott aus Göttingen hatte einen überzeugenden Plan vorgelegt, der auch die Unterstützung des Konservators hatte. Er ließ den einzigartigen Altarraum frei und siedelte die Orgel im Westteil an. Das Presbyterium war geteilter Meinung, entschloß sich aber 1954 mit knapper Mehrheit für Otts Entwurf. Ich habe es sehr bedauert, daß das Presbyterium später den Beschluß umgestoßen hat.

Paderborn hatte Ende der vierziger Jahre wie eine einzige große Baustelle ausgesehen, zu Anfang der fünfziger war es aber, obwohl noch aus vielen Wunden blutend, wieder eine ansehnliche Stadt. Zahlreiche Gebäude waren aus der Asche schöner erstanden, als sie vorher gewesen waren, aber mein Pfarrhaus hatte keine Zukunft. Die Stadtplaner beanspruchten einen Teil des Grundstücks zur Erweiterung der Kasseler Straße, und das Justizministerium beanspruchte einen anderen Teil für den Neubau des Landgerichtes. Wir wurden in ein Enteignungsverfahren einbezogen, konnten uns aber vor dem Verwaltungsgericht in Münster so behaupten, daß die Richter zu einem Vergleich rieten.

Die Verhandlungen wurden von Bürgermeister Tölle, Stadtdirektor Fischer und allen Ressortleitern in vertrauensvoller Zusammenarbeit geführt. Für unser Gelände am Domplatz erhielten wir: 1. das Gelände des früheren zerstörten Stadtverwaltungsgebäudes an der Alten Grube. Auf ihm hatte die Stadt ein Pfarrhaus mit Garage zu erstellen und mit dem Bau sofort zu beginnen. Sie stimmte 2. einer Erweiterung des Abdinghofkirchengrundstücks zur Errichtung eines Gemeindehauses zu. Der erste Bauabschnitt, als Küsterhaus gedacht, war von der Stadt zu erstellen. Sie verpflichtete sich 3. zur Errichtung einer evangelischen Volksschule auf dem Gelände des Abdinghofklosters. In der Grube wurde schnell und nach meinen Wünschen geplant und noch schneller gearbeitet. Wie gefährlich die Bauarbeiten waren, zeigte sich später. Ich bin über ein Jahr lang täglich über einen Blindgänger gefahren, der vor der Garageneinfahrt verborgen lag und von einem Spezialkommando entschärft werden mußte. Schon im Frühjahr 1950 konnte ich einziehen. Ich kam mit drei Zimmern aus und nahm meinen Küster Jantz, einen Flüchtling aus Pommern, mit seiner Familie auf.

Vor allen andern freuten sich meine jungen Leute. Sie besaßen jetzt wieder einen großen schönen Raum, in dem ich ihre Probleme und kontroversen Anliegen besprechen und mit ihnen singen, spielen und beten konnte. Die meisten von ihnen kamen regelmäßig zum Gottesdienst, einige auch zur Komplet am Freitagabend. Ich bin mit diesem lebendigen Kreis einige Male in der Zeit nach Pfingsten zum Hermannsburger Missionsfest in die Lüneburger Heide geradelt. Das Erlebnis dieses Festes unter den alten Eichen eines Bauernhofes schloß uns jedes Jahr fester zusammen.

Neben dieser Arbeit an und mit der Jugend kümmerte ich mich besonders um die Integration der Flüchtlinge. Wenn sie in geschlossenen Gruppen zu uns kamen, wie etwa in meine Dörfer Dahl und Dörenhagen, wurden die Probleme nicht einfacher. Die katholischen Pfarrer halfen mir sehr, indem sie mir ihre Kirchen zur Verfügung stellten. Das Verhältnis zu den einheimischen Bauern wurde dadurch erleichtert und verbessert. Bei dieser vielschichtigen Aufgabe auf dem Lande bewährte sich meine neue Gemeindeschwester Marga Reibert. Sie scheute keine Mühe und Gefahr. Sie hatte mehr Zivilcourage als mancher Mann, aber eine panische Angst vor Hunden. Selbst der kleinste Hund hatte dafür eine gute Witterung. Schwester Marga hatte auch ihrerseits Erfahrungen gemacht. Sie ließ, wenn ein bellender Hund sich ihr nahte, ihre große Ledertasche, die sie immer mit sich führte, zwischen sich und den Angreifer fallen. Die Tasche erwies sich jedesmal als wirksame Defensivwaffe, trug aber deutliche Spuren von Hundezähnen. Schwester Marga selbst wurde nie gebissen.

Ein Pfarrer sollte, auch um der Gemeinde willen, einmal im Jahr Urlaub nehmen. Zwei Einladungen nach Schweden wurden von mir

gerne angenommen. Die erste in das Pfarrhaus von Öckerö hatte mir der Bischof von Göteborg, Bo Giertz, die zweite in das von Skövde mein Freund Gerhard Klose vermittelt.
In den ersten Jahren nach dem Kriege war ein Aufenthalt in Dänemark für den deutschen Reisenden noch nicht problemlos. Ich bekam die Ablehnung zu spüren, als ich auf der Reise nach Schweden in Kopenhagen Station machen mußte und in allen Hotels um den Bahnhof herum abgewiesen wurde. Ich fand schließlich doch in der kleinen Pension von Peter Jensen ein freundliches Unterkommen. Mein Gegenüber am anderen Morgen im Zug nach Göteborg war eine dänische Ärztin. Sie fragte mich, als ich ihr meinen Beruf offenbart hatte, nach meinen Erlebnissen in der Nazizeit aus und lud mich ein, an ihrem skandinavischen Frühstück teilzunehmen. In wenigen Augenblicken hatte sie zwischen uns ein kleines „Tischlein deck dich"-Wunder mit heißem Kaffee, Ei, Smörgås, Honig und verschiedenen Marmeladen gezaubert. Sie bot mir an, mir bei meiner Rückkehr Kopenhagen zeigen zu wollen. Da ich bei Peter Jensen meine Rückkehr vorgebucht hatte, sagte ich gerne zu, und die dänische Frau Doktor war so gut wie ihr Wort.
In Halmstad verließ sie den Zug, und der Platz meiner Gönnerin wurde von einer hübschen jungen Schwedin eingenommen. Auch sie übernahm sogleich die Aufgabe eines hilfsbereiten Mentors und beschrieb mir Landschaft und Leute ihrer Heimat. Wohl als Anschauungsunterricht lud sie mich zu der Hochzeitsfeier ihrer Schwester ein, zu der sie unterwegs war. „Följa med". Wenn ich nicht mit Kyrkoherde Hellström auf Öckerö einen festen Ankunftstermin vereinbart hätte, wäre ich der Einladung sicher gefolgt.
Ein kleiner Personendampfer sollte mich von Göteborg auf die Insel Öckerö bringen. Schon von ferne sah ich die weithin vom Meer sichtbare Kirche, deren Glocken am Sonntagmorgen die Fischerfamilien von den andern Inseln zur Högmessa rufen. Der Pfarrherr und seine liebenswürdige Gattin empfingen mich sehr freundlich, und ich fühlte mich bald bei ihnen zu Hause. Die Pfarrfrau sorgte für mein leibliches Wohl, und der Pfarrherr nahm mich auf all seinen Wegen, besser wohl Fahrten mit, denn meistens ging es zu den andern Inseln seines Kirchspiels, die er mit seinem Motorboot anfuhr, um Unterricht und Bibelstunde zu halten und Krankenbesuche zu machen. Auf der Rückfahrt ließ er mir wohl das Steuer, und ich lernte ein wenig von den mir bisher unbekannten Regeln der Seefahrt. Ich hatte vierzehn Tage hineinschauen dürfen in das Leben einer schwedischen Ge-

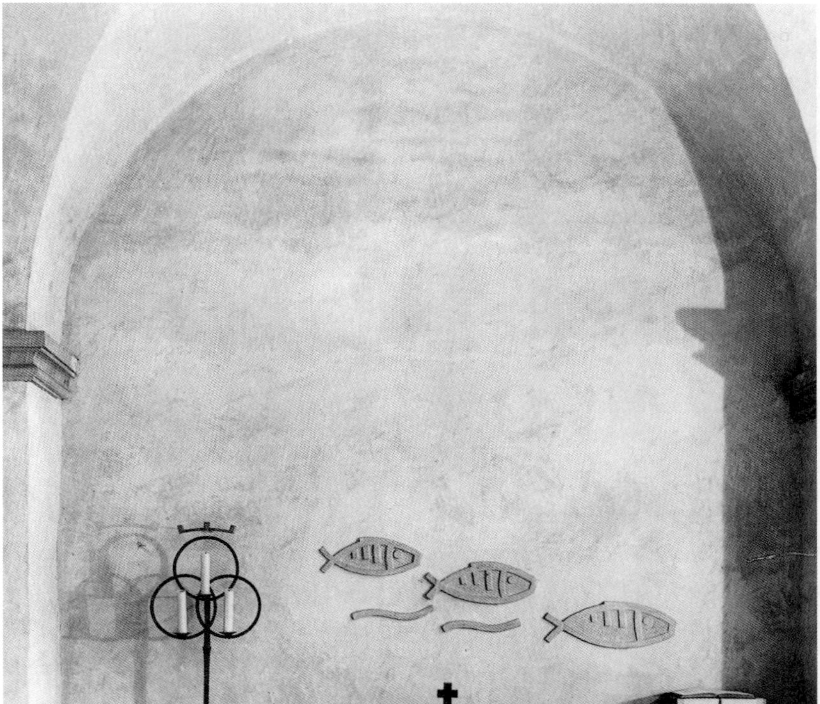

Abb. 8: Die neue Taufkapelle der Abdinghofkirche

meinde, die von dem Pietismus Henrik Schartaus geprägt und für das Bistum Göteborg typisch ist: volle Kirchen, gutbesuchte Bibelstunden und dynamische Gemeindediakonie.
War die schwedische Kirche wirklich so lebendig? In Skövde, im Bistum Skara, gab es andere Eindrücke. Die Stadt florierte wegen der Autofabriken von Volvo, aber das kirchliche Leben stagnierte. Die Gottesdienste waren sehr schlecht besucht, obwohl zwei Pfarrer sich große Mühe gaben. Mein Gastgeber, Komminister Thore Ekelöf, war zweiter Pfarrer mit eigenem Bezirk und selbständigen Aufgaben. Er und seine hochgebildete Gattin haben mir viele Freundlichkeiten erwiesen, aber dem Hause fehlte die Wärme, die ich in Öckerö gespürt hatte. Ob es daran lag, daß Frau Pfarrer gleichzeitig Schulleiterin war? Thore nahm mich wie Hellström in seine Filialgemeinden mit, und ich habe in der schönen Gewandung der schwedischen Pfarrer mit ihm zusammen Gottesdienst halten dürfen. Ganz unvergessen ist mir ein Ausflug mit ihm nach Vadstena zur blauen Kirche des Birgittenklosters, in dessen Gästehaus wir einige Tage wohnten. Als bei einem Gemeindevortrag ein Professor beiläufig erwähnte, daß im Mittelalter ein deutscher Künstler den Taufstein für diese Kirche geschaffen hatte, ergriff ein neben mir sitzender Propst spontan meine Hand und flüsterte mir zu: „Tack skall du ha." So bekam ich den Dank, den mein Landsmann vor 500 Jahren verdient hatte, und zugleich die Erkenntnis, daß das dauernde tack, tack hierfür und dafür und für alles nicht nur eine Floskel, sondern tief mit dem schwedischen Charakter verbunden ist.
Berührungsmöglichkeiten ergaben sich aus meiner Gemeindearbeit kaum mit dem Paderborner Erzbischof, aber da ich ja auch für die Öffentlichkeitsarbeit der Gesamtgemeinde verantwortlich war, traf ich Lorenz Jaeger häufig bei offiziellen Anlässen und übergemeindlichen Veranstaltungen, in jedem Jahr auch bei dem Frühschoppen des Schützenvereins. Unser Verhältnis entwickelte sich so harmonisch, daß seine Exzellenz gelegentlich auch eine Einladung zum Glas Wein in meinem Pfarrhaus annahm und mir aus Anlaß einer Italienreise eine Spezialaudienz beim Papst vermittelte. Er wußte einen direkten Weg über den deutschen Jesuitenpater Herterich, der ein Beichtvater des Papstes war.
Ich wohnte, wie in Mailand und Florenz auch, in Rom in dem Hospiz der deutschen Elisabethschwestern, die ursprünglich in Schlesien beheimatet waren. Ich suchte in Rom, wie vereinbart, Pater Herterich im Generalat der Jesuiten direkt neben dem Vatikan auf und erfuhr

von ihm den modus procedendi für einen Besuch beim Papst. Überraschend schnell überbrachte dann am folgenden Tag ein päpstlicher Kurier die Einladung zu einer „Udienza speciale" für den 11. März 1952 um 12 Uhr.
Als ich mich an der vereinbarten Pforte einfand, empfing mich der wachhabende Schweizer Gardist und übergab mich zwei Kollegen, die mich über viele Treppen in einen Raum am Damasushof begleiteten. Hier an der Garderobe hielten sich Diener in so schönen Roben auf, daß man sie für Germaniker hätte halten können. Ich legte, wie Pater Herterich mir geraten hatte, Mantel und Hut ab, schob darunter einen diskreten Umschlag und wurde dann von zwei Offizieren der Nobelgarde, die in ihren gutsitzenden blauen Uniformen mit gezücktem Degen salutierten, an Zimmerfluchten vorbei in einen rechteckigen, prunkvollen Salon geleitet. Die Offiziere wiesen mir einen Eckplatz an mit der Aufforderung, an dieser Stelle zu warten. Ich entdeckte im Raum drei weitere Besucher und über mir ein Gemälde von Papst Paul V. (1605-1621).
Nach wenigen Minuten erschien Papst Pius XII., eine Gestalt so zerbrechlich wie eine Porzellanfigur und von einer unnachahmlichen Würde und Noblesse. Er wandte sich zunächst an einen spanischen Abt, redete auch den nächsten Besucher in spanischer Sprache an und begab sich dann zu meinem unmittelbaren Nachbarn, mit dem er englisch verhandelte. Und dann stand ich diesem Papst gegenüber, der distanziert wirkte, aber sich dann mit großer Freundlichkeit dem einzelnen zuwandte. Er hatte als Nuntius für Deutschland auch Paderborn besucht und erkundigte sich bei mir in fließendem Deutsch nach dem Stand des Wiederaufbaus des Domes und auch meiner Abdinghofkirche. Er wirkte gelöster, als er von seiner Zeit in Deutschland sprach. Er erzählte auch von einem Besuch in der Lutherstadt Wittenberg. Dort habe man ihm die weit über 100 Bände umfassende Weimarer Lutherausgabe gezeigt und er sei von der Schaffenskraft Luthers überrascht gewesen. Er entließ mich mit der Bitte, Lorenz Jaeger und meine Frau herzlich zu grüßen. Die ersten Grüße konnte ich sehr schnell, die letzteren, immer noch Junggeselle, erst wesentlich später ausrichten.
Die Woche in Rom hatte bei mir positive und negative Eindrücke hinterlassen. Der Besuch im Vatikan war in jedem Fall ein besonderes Erlebnis. Ich hatte mit einem Papst gesprochen, der bedeutender war als viele seiner Vorgänger, aber für mich war es wichtiger, daß ich in

einem der höchsten Ämter dieser Welt einen liebenswerten Menschen getroffen hatte.
Zurück in Paderborn, scherzte ein katholischer Vikar mir gegenüber: „Pfarrer am Abdinghof müßte man sein, um vom Papst empfangen zu werden." Pfarrer am Abdinghof sein, das hieß für mich, aus den Quellen lutherischen Bekennens fröhlich, aber in ökumenischer Gemeinschaft zu leben, es hieß nicht, lediglich aus einem evangelischen Ghetto ökumenische Bereitschaft zu bekunden. Was Ökumene angeht, waren wir damals in Paderborn der späteren Entwicklung um Pferdelängen voraus. Ich erinnere hier gern auch an die Arbeitsgemeinschaft namhafter evangelischer und katholischer Theologen, die unter der Leitung von Erzbischof Jaeger und Bischof Stählin abwechselnd in Paderborn und Tutzing zusammentraf und an der ich, wenn sie in Paderborn tagte, als Zuhörer gelegentlich teilnehmen durfte.
Paradoxerweise war mein Kampf für das lutherische Bekenntnis 1945 nicht zu Ende. Nur wenige Jahre später ließ nämlich die westfälische Kirche die spätlutherische Konkordienformel von 1577, die außer in Paderborn auch in einigen anderen westfälischen Gemeinden in Geltung war, außer Kraft setzen, nachdem sie vorher vergeblich versucht hatte, unsere Gemeinde zu einem freiwilligen Verzicht zu bewegen. Ich kann und will mich nicht für jede Aussage der Konkordienformel stark machen, stieß mich aber nicht nur an dieser Art des Vorgehens, sondern fürchtete auch eine unheilvolle Entwicklung, die mit der Abwertung EINES Bekenntnisses beginnt und mit der Aufgabe aller endet. Bestanden doch ernsthafte Bestrebungen, die auf eine völlige Nivellierung zielten, und ich fragte mich, je länger, desto mehr, ob dieser Trend mit dem lutherischen Bekenntnis vereinbar sei.
In diesem Zusammenhang beschäftigte mich eine ganz persönliche Überlegung: Wenn ich noch einmal mit ganzer Kraft und Überzeugung eine neue Aufgabe beginnen wollte, war jetzt der Zeitpunkt gekommen.
Im Juli 1952 nahm ich an der Tagung des Lutherischen Weltbundes in Hannover teil. Die weitschauenden Planungen und die von amerikanischer Dynamik bestimmte Arbeitsweise dieses Zusammenschlusses fast aller lutherischen Kirchen gefielen mir. Sie hoben sich wohltuend ab von den bürokratischen Gewohnheiten deutscher Verwaltungsstellen. Ich wandte mich daher an Bischof Dr. Hanns Lilje, der gerade zum Präsidenten des Lutherischen Weltbundes gewählt worden war, mit der Frage, ob für mich eine Tätigkeit im Auftrag des Lutherischen Weltbundes möglich sei. Er antwortete positiv und ver-

wies mich an Oberkirchenrat Hübner, der im kirchlichen Außenamt der VELK auch die Dienststelle des Lutherischen Weltbundes in Deutschland leitete. Mein kleiner DKW kannte den Weg zu ihm in Hannover bald auswendig. Die Pfarrstellen in Caracas, Bogota und London waren zu besetzen. Es zog mich aber nicht nach Südamerika, und in der englischen Metropole tummelten sich schon drei deutsche Pfarrer eifrig, aber ohne rechten Erfolg. Schließlich versuchte Dr. Hübner mich für Irland zu interessieren und zu gewinnen.
Pfarrer Dr. Keller-Hüschemenger aus London hatte gelegentlich für die Gesandtschaftsangehörigen in Dublin einen Gottesdienst gehalten. Verschiedene Gruppen, darunter einige hundert schiffbrüchige baltische Auswanderer, hatten zudem den Lutherischen Weltbund um seelsorgerliche Betreuung gebeten, und der Bund war bereit, eine Pfarrstelle in Irland zu errichten. Vor 200 Jahren hatte es schon einmal für einige Jahrzehnte eine lutherische Pfarrstelle in Irland gegeben, deren Glieder deutsche und skandinavische Kaufleute gewesen waren.
Die Bedingungen für eine Neuerrichtung waren ungewöhnlich schwierig. Es war keine Kirche, kein Pfarrhaus, kein Gemeindehaus, nicht ein einziger Raum vorhanden. Es gab auch keinen Rechtsträger. Der Pfarrer sollte die Lutheraner in Gesamtirland betreuen, also in zwei Staatsgebieten arbeiten, die sich in einen bedrohlichen Spannungszustand befanden. Auch die Reaktion der anderen Kirchen, vor allem der katholischen, einer der treuesten Töchter des Vatikans, mußte bedacht werden.
Gute Freunde versuchten, mir abzuraten. Mein Vorhaben sei zu abenteuerlich, eine kirchliche Arbeit ohne Kirche, Pfarrhaus, Gemeindehaus und ohne eine eigentliche Gemeinde zu beginnen. Es fehle doch an allem, was für eine kirchliche Arbeit nötig sei. Aber es ging mir wie den meisten bei der Liebe, je größer die Schwierigkeiten, desto stärker das Verlangen, mich ihnen zu stellen. Ich war entschlossen, die Entwicklung in Irland nicht mehr aus den Augen zu lassen.
Da Dr. Keller-Hüschemenger vom Lutheran Council of Great Britain sehr drängte, beschloß die Kirchenleitung der VELK Mitte November 1953, mich dem Lutherischen Weltbund für die zu schaffende Pfarrstelle in Irland vorzuschlagen. Ich bat daraufhin, bevor ich einen Entschluß fassen konnte, um die Gelegenheit, die Verhältnisse und Möglichkeiten an Ort und Stelle zu überprüfen.
Ehe ich die Reise antreten konnte, versuchte Vizepräsident Lücking in Bielefeld, der es immer gut mit mir meinte, mich für eine außeror-

dentliche und traditionsreiche Gemeinde zu erwärmen. Er schrieb mir unter dem 12. Januar 1954: „Aus solchen Erwägungen heraus haben wir in Hannover die Frage Ihrer Entsendung nach Irland geprüft. Dabei kamen wir zu dem Ergebnis, daß es uns fraglich ist, ob die Verhältnisse in Irland den Dienst ergeben, den man Ihnen zumuten könnte. Es handelt sich dort doch um noch sehr ungeebnete Wege und ungeordnete Verhältnisse. Wir kamen übereinstimmend zu der Überzeugung, daß Sie für Paris viel eher in Frage kämen ... Nun möchte ich Sie heute fragen, ob ich mich beim Kirchlichen Außenamt dafür einsetzen soll, daß Sie nach Paris berufen werden. Ich glaube, daß ich das nicht ohne Erfolg tun könnte."

In Paris hatten Pastor Martin Wilhelm, Astrid Gräfin Hardenberg und andere wesentliche Vorarbeiten für die Berufung geleistet. Dr. Hübner war auch mit von der Partie und versuchte, die irischen Freunde zu beschwichtigen. Er schrieb unter dem 25. Januar an Dr. Keller-Hüschemenger: „Diese Frage haben wir sehr lange hin und her erörtert, und ich muß ganz offen gestehen, daß die Aufgaben in Paris so dringlich sind und es für die Gesamtentwicklung so außerordentlich wichtig ist, wer in Paris die Arbeit tun wird, daß ich die Möglichkeit, einen so zuverlässigen Lutheraner nach Paris zu bekommen, nicht leichtfertig preisgeben möchte. Andererseits legt Herr Pastor Mittorp sehr großes Gewicht darauf, daß er von sich aus nichts tun möchte, um die bisherige Verhandlung über Irland abzubrechen. Ich habe mich darüber auch mit Herrn Landesbischof D.Dr. Lilje und dem Landeskirchenamt ins Benehmen gesetzt und möchte Sie nun bitten, das Opfer zu bringen, mit der Verhandlung über Irland einige Wochen auszusetzen."

Bevor ich überhaupt Stellung nehmen konnte, hatte sich das Angebot als undurchführbar erwiesen. Das Kirchliche Außenamt in Frankfurt hatte für Paris schon einen anderen Bewerber berufen. Ich konnte nun mit Dr. Keller-Hüschemenger ungestört den geplanten Besuch in Irland vorbereiten. Wir wollten am 24. März gemeinsam von London aus starten und Dublin und Belfast besuchen. Als wir uns nach ruhiger Fahrt über die Irische See mit dem britischen Fährschiff der Küste näherten, lag die Insel in strahlendem Sonnenglanz vor unseren Augen. Ich verstand nun, daß seit Jahrtausenden Seefahrer und Glücksritter sich verlocken ließen, auf dieser Insel zu siedeln und heimisch zu werden.

Und was wollte ich auf der Insel der Heiligen und Rebellen? Wenn ich den Auftrag des Lutherischen Weltbundes annahm, war die Auf-

Abb. 9: Bei einer Schuleinweihung eingerahmt von Bürgermeister Tölle (rechts) und Stadtdirektor Dr. Fischer (links)

Abb. 10: Vorfreude auf glückliche Jahre in Irland: das Pfarrerehepaar Hans-Dietrich Mittorp und Maria Mittorp geb. Ricking

gabe eindeutig. Ich sollte keine deutsche Auslandsgemeinde nationaler Prägung aufbauen, vielmehr sollte ich in einem übernationalen Rahmen auf lutherischer Bekenntnisgrundlage allen Angehörigen meines Bekenntnisses zur Verfügung stehen und sie, ungeachtet verschiedener Sprachen und Kulturen, in einer Gemeinde vereinigen. Mein Fernziel war dann eine kleine lutherische Kirche in Irland, die im Konzert der großen Schwestern eine bescheidene Rolle mitzuspielen in der Lage war.

Wir suchten zunächst in Dublin Fräulein Anna Klara Ruddigkeit auf, die ein Haus in der Charleston Road besaß und uns gern einige Tage aufnahm. Sie hatte in dem „Save the German children"-Komitee gearbeitet und auch einen Kreis deutscher Au-pair-Mädchen gesammelt, die gelegentlich bei ihr zusammenkamen.

Mein erster Besuch in der deutschen Gesandtschaft war nicht ermutigend. Gesandter Dr. Katzenberger verhehlte mir bei aller Freundlichkeit seine Skepsis nicht. Ja, er fürchtete, ich würde nach einigen Monaten enttäuscht nach Deutschland zurückkehren. Die Begegnung mit seinem Attaché Dr. Hampe verlief wesentlich erfreulicher. Als er sich meine Pläne angehört hatte, rief er aus: „Ich bin der Meinung, daß Sie mir vom lieben Gott geschickt sind. Ich möchte in absehbarer Zeit hier heiraten und habe keinen Pastor, der mich trauen könnte." Darauf ich: „Herr Dr. Hampe, wenn Sie mir beim Aufbau meiner Gemeinde helfen, will ich Sie gerne als Ihr Pfarrer trauen." Damit war eigentlich die Entscheidung für mich gefallen. Ich war grundsätzlich bereit, den Auftrag des Lutherischen Weltbundes anzunehmen.

Mein Begleiter machte mich dann mit den vier Lutheranern in Dublin bekannt, die um die Entsendung eines Pfarrers gebeten hatten. Wir besuchten nacheinander Frau Bertha Schwarz, eine evangelische Christin, die wegen ihrer jüdischen Herkunft vor den Nazis geflohen war und in Kreisen der Universitäten und der Irish-German-Society einen großen Einfluß hatte, Herrn Oskar Kerson, einen Lutheraner aus Estland, der Vertrauensmann der Exil-Esten war, Dr. Hans Waldemar Rosen, der nach englischer Kriegsgefangenschaft den irischen Rundfunkchor gegründet hatte und die irische Staatsangehörigkeit besaß, und Herrn Kaufmann Herbert Dick aus Thüringen, der sich um die lutherische Erziehung seiner Kinder Sorgen machte. Zu meiner Überraschung gingen sie alle davon aus, daß ich kommen würde, und ich fühlte, daß ich in ihnen verläßliche und phantasiebegabte Mitarbeiter haben würde. Unser Abschied: „Auf Wiedersehen" war von beiden Seiten sehr ernst gemeint.

In Belfast konnten wir nur zwei Familien begrüßen, die als potentielle Gemeindeglieder ansprechbar waren, aber es gab eine studentische Arbeitsgemeinschaft irischer Theologen, die aus konfessionskundlichen Gründen an lutherischen Gottesdiensten großes Interesse bezeugte.
An meinem letzten Reisetag traf ich in London mit dem Vertreter des Lutherischen Weltbundes, Rev. David Ostergreen, zusammen, berichtete ihm über meine Eindrücke in Irland und erklärte meine Bereitschaft, die Berufung anzunehmen unter der Bedingung, daß der Lutherische Weltbund mir eine Beihilfe für den Kauf oder die Anmietung eines Gebäudes zur Verfügung stelle. Die zweite Bedingung konnte ich nur Bischof Dr. Lilje vortragen, ich bestand darauf, daß er selbst als Präsident des Lutherischen Weltbundes mich in Dublin installieren würde.
Nun waren die Würfel gefallen. Ich teilte meine Entscheidung meinen Gesprächspartnern Lücking und Hübner mit. Die weitere Entwicklung und vor allem der Zeitpunkt des Abschieds von Paderborn und des Neubeginns in Irland hingen von der Klärung juristischer und finanzieller Fragen zwischen dem Landeskirchenamt und dem Lutherischen Weltbund ab. Dank des nachhaltigen Drängens von Hübner und der immer hilfsbereiten Vermittlertätigkeit Lückings wurde im August ein Vertrag abgeschlossen. Ich wurde für vier Jahre für den Dienst in Irland freigestellt und beurlaubt, blieb aber de jure mit allen Rechten und Pflichten westfälischer Pfarrer.
In London hatte am 24. August das Lutheran Council meine Berufung ausgesprochen, in Hannover hatte Bischof Lilje die Zusage gegeben, mich einzuführen. Er schlug einen Termin um die Osterzeit vor, nachdem ich eine gemeindliche Grundlage vorbereitet hätte. Im September erhielt ich eine Einladung, an der Generalsynode der VELK in Braunschweig teilzunehmen und der Bischofskonferenz über meine Eindrücke auf der Besuchsreise und meine Zukunftspläne in Irland zu berichten. Bischof Dr. Meiser war damals der leitende Bischof, er hörte meinem Bericht mit großem Interesse zu und antwortete in einer ernsten, aber sehr launigen Ansprache. Er verglich meine Situation mit der, die St. Patrick in Irland vorfand: kaum Anknüpfungspunkte, kaum Reisegepäck, aber eine Botschaft, der er sich verpflichtet fühlte, und einen Herrn, dem er rückhaltlos vertraute. Ich hatte ein beglückendes Gefühl lutherischer Zusammengehörigkeit auf dieser Synode und spürte etwas von dem geistlichen Charme, den Bischöfe ausstrahlen können.

Jeder Neubeginn ist mit einem schmerzlichen Abschiednehmen verbunden, das konnte in Paderborn nicht anders sein. Am 14. November 1954 hielt ich in der überfüllten Abdinghofkirche meinen Abschiedsgottesdienst und versuchte in der Predigt eine Bilanz der 17 Jahre, in denen ich hier gearbeitet hatte, zu ziehen. Da das eigene Urteil nie vorurteilsfrei sein kann, zitiere ich meinen Amtsbruder Rahe, der meinen Dienst sehr brüderlich, aber oft auch sehr kritisch begleitet hat.
Er schrieb nach meinem Weggang in dem Gemeindeblatt Neue Kirche: „In der Presse ist aufs stärkste betont worden ... wieviel dem Scheidenden an innerer Verbindung und Verbundenheit mit der katholischen Kirche und mit den Verantwortlichen in Stadt und Kreis gelegen war ... Wir dürfen hinzufügen ... die Abrundung des gemeindlichen Besitzes am Abdinghof, der langsam in Gang gekommene Wiederaufbau der kriegszerstörten evangelischen Schule am Abdinghof, auch allerlei Vorarbeiten für den Wiederaufbau der Abdinghofkirche und die Gewinnung von Freunden und Helfern bis hoch in die Ministerien hinauf kommen auf sein Konto. Der Kirche galt seine besondere Liebe; ihre innere Gestaltung ist in vielem auf sein Wort und sein Werben zurückzuführen. Wenn es möglich gewesen wäre, hätte er gern täglich darin die Gemeinde versammelt, wie er es in den alten lutherischen Ordnungen geschrieben fand; und die Feier des Sakramentes schien ihm grundsätzlich für jeden Vollgottesdienst unerläßlich. Das haben ihm viele gedankt, vor allem aus dem älteren Pfarrbezirk, die den Brauch als einen Segen in den Tagen der Mitbenutzung der Busdorfkirche erfahren haben. Er hatte ein starkes Bewußtsein von der Würde und Besonderheit des Predigtamtes im lutherischen Sinne."

Lutheraner am Rande Europas

Am 4. Dezember 1954 kam ich zum zweiten Mal in Irland an. Die Überfahrt stand in krassem Gegensatz zu meinem ersten Besuch. Ein heftiger Sturm tobte über der Irischen See, und HMS „Princess Maud“ – sie hatte schon bei Dünkirchen und St. Malo britische Truppen transportiert und diente jetzt als Fährschiff zwischen Holyhead und Dun Laoghaire – mußte sich tapfer mit aller Kraft durch haushohe Wellen ihren Weg bahnen. Im Hafen von Dun Laoghaire fegte der Regen in Böen über den Pier. Ich würde mich wohl bei einem Leben auf der Insel an Stürme gewöhnen müssen! Welch ein Gegensatz zu meiner ersten Überfahrt! Sollte das ein prophetischer Hinweis auf die paradoxen Gegensätzlichkeiten der irischen Wirklichkeit sein, die mich erwarteten? Ich betrat einen katholischen Freistaat, dessen erster Präsident Protestant gewesen war, bewohnt von rührend hilfsbereiten Menschen, die alles Englische verfluchten und Freiheitskämpfer wie Heilige verehrten, eine Hauptstadt mit einzigartigen „Georgian“-Häusern und erbarmungswürdigen Behausungen.

Mit Glück konnte ich eines der wenigen Taxis ergattern und fuhr zu Miss Ruddigkeit in der Charleston Road 26. Sie war bereit, mir ihre beiden Prachtzimmer zu vermieten und mich auch für kurze Zeit in Vollpension zu nehmen. Das war eine beachtliche Starthilfe, die ihr nicht vergessen werden soll.

Wenn das Augsburger Bekenntnis recht hatte, dann mußte ein Pfarrer in der Lage sein, mit Wort und Sakrament eine Gemeinde aufzubauen. Meine Frauenhilfe in Paderborn hatte mir dafür eine herrliche Bibel in rotem marokkanischem Ziegenleder geschenkt, und gute Freunde hatten mich mit einem silbernen Abendmahlsgerät ausgestattet.

Meine erste Sorge galt jetzt einem gottesdienstlichen Raum oder besser einer Kirche, die möglichst zentral gelegen sein sollte und in der ich jeden Sonntag Gottesdienst halten konnte. Die Methodistenkirche an St. Stephan's Green, an deren Pfarrer ich mich zuerst wandte, konnte mir diese Voraussetzung nicht erfüllen, aber Reverend Taylor von der Moravian Church erklärte sich uneigennützig bereit, mir seine Kirche an jedem Sonntagnachmittag unentgeltlich zur Verfügung zu stellen. Es war am 6. Dezember, dem dritten Tag meines Aufenthaltes in Dublin. Ich konnte nun zuversichtlich weiterplanen.

Schon 1697 war es zur Gründung der ersten lutherischen Gemeinde in Dublin gekommen. Die „History of Dublin“ weiß 1818 darüber zu berichten: „This congregation included foreigners of all countries, who professed the Lutheran Doctrines ... They held the doctrin of the real presence, and used the wafer in the celebration of the Eucharist.“ In den ersten dreißig Jahren ihres Bestehens baute sich die kleine Gemeinde unter großen Opfern eine eigene Kirche in der Poolbegstreet. Um 1820 gab sie, von ihren kirchlichen Nachbarn beeinflußt, ihre Besonderheiten in Lehre und Liturgie auf. Kurze Zeit darauf ist sie aus dem Leben der Stadt verschwunden. Sie wurde nicht mehr erwähnt, und ihre Kirche wurde von den Presbyterianern benutzt.
Der Ire ist ein gesprächs- und kontaktfreudiger Mensch. Man fragte mich bald in der Charleston Road nach dem Woher und Wozu meines Kommens. Ein freundlicher Nachbar äußerte bei einer solchen Gelegenheit wohlwollend: „I wish you many converts.“ Er hatte mich falsch verstanden. Das beabsichtigte ich gerade nicht! Missionar sein, der in fremden Teichen fischt! Ich wollte, wie Esdras Marcus Lichtenstein 1697, alle Lutheraner, unbeschadet verschiedener Nationalität und Sprache, zusammenbringen. Das sang- und klanglose Erlöschen der Gemeinde nach 1820 war Warnung genug. Die Gemeinde mußte klare Konturen haben, wenn sie Bestand haben sollte.
Der erste Gottesdient sollte am Weihnachtsnachmittag stattfinden und einen festlichen und fröhlichen Auftakt bilden. Mein Vorschlag wurde in der deutschen Gesandtschaft mit Freude aufgenommen. Dr. Hampe und Kanzler Achilles versprachen tätige Mithilfe bei Beschaffung und Schmuck des Weihnachtsbaumes, der damals in Irland noch Seltenheitswert hatte. Frau Schwarz und Fräulein Ruddigkeit verfügten über etwa 80 Adressen, zu denen ich in der Gesandtschaft noch einige hinzufügen konnte.
Die beiden Damen standen mir vom ersten Tag an großartig zur Seite. Fräulein Ruddigkeit hatte mich zu Reverend Taylor, Frau Schwarz zum Alien's Office und zur Bank of Ireland begleitet. Sie hatte mich auch in Trinity College eingeführt und mich mit Rembert Conring, einem Theologiestudenten aus Friesland, und Jan Hol, einem flämischen Studenten der Philologie, bekannt gemacht. Herr Hol erbot sich, mich mit den Feinheiten der englischen Sprache vertraut zu machen, und in Herrn Conring hatte ich einen einsatzbereiten Helfer für meine Arbeit gefunden.
Die anhaltenden Stürme hatten die Ankunft meiner Möbel und meines Gepäcks verzögert. Ich entbehrte besonders meinen Schreibtisch

und meine Bücher, vor allem in den Abendstunden. Ich lebte praktisch noch immer aus den zwei Koffern, mit denen ich angereist war. Herr Dick und Herr Kerson berieten mich wie erfahrene Kirchenvorsteher. Sie kannten sich in den Verwaltungs- und Zollbestimmungen des Landes aus. Herr Kerson übergab mir eine Liste der in Irland wohnenden Esten und war der Meinung, daß sie alle Mitglieder werden würden. Noch fehlte mir der Kontakt zu den Schweden. Botschafter Wennerberg gab mir kurzfristig einen Termin und begegnete mir mit viel Freundlichkeit und Bereitschaft zu helfen. Er sei bewußter Lutheraner, Enkel eines schwedischen Erzbischofs und an einer übernationalen lutherischen Kirche interessiert, da die Schweden in Irland keinen eigenen Pfarrer besaßen. Er bot sich auch an, einer der erforderlichen zwei Bürgen für mich zu sein, falls ich mich um die Mitgliedschaft in der Royal Dublin Society bewerben würde. Er riet mir sehr dazu, weil Verbindungen und Beziehungen dadurch ermöglicht und erleichtert würden.
Die Belfaster Theologiestudenten, die an unseren deutschsprachigen Gottesdiensten interessiert waren, hatten bei Professor Haire erreicht, daß wir die Universitätskapelle benutzen durften, wegen der Semesterferien konnte allerdings ein Gottesdienst erst im neuen Jahr stattfinden.
Frau Schwarz wohnte in der Frankfort Avenue, von meiner Wohnung in der Charleston Road schnell zu erreichen. Als ich am 12. Dezember bei ihr hereinschaute, traf ich Herrn F. Karrach, einen österreichischen Kaufmann jüdischer Herkunft. Er hatte nach seiner Flucht ein Import-Export-Geschäft aufgebaut und lud mich ein, um mir Gelegenheit zu geben, Irland kennenzulernen, ihn am 14. und 15. auf einer Fahrt in das County Tipperary zu begleiten.
Herr Karrach hatte ein großes Reiseprogramm. Ich lernte Kildare, Kilkenny und Waterford kennen. Wir wollten am Abend in der Nähe von Clonmel bei einem Freund von ihm, der einen herrschaftlichen Besitz erworben hatte, übernachten. Große Überschwemmungen hatten uns zu weiten Umwegen genötigt, so daß wir erst zu später Stunde an dem einsam gelegenen Herrensitz, der in völliger Dunkelheit vor uns lag, ankamen. Der Hausherr und seine Schwester, die ihrem verwitweten Bruder den Haushalt führte, waren wohl schon zur Ruhe gegangen. Herr Karrach, der sich auskannte, klopfte energisch am Hauptportal, dann energischer am Seitentor. Nirgends eine Antwort! Kein Lebenszeichen! Wir beschlossen endlich, nach Clonmel in ein Hotel zu fahren. Aber vorher schlug Herr Karrach noch einmal mit

aller Kraft an die Pforte, die sich überraschend öffnete. Vor uns stand der Hausherr mit scharf geladenem Gewehr. Er hatte einen Überfall vermutet. Dem Erkennen folgte schnell eine herzliche Einladung, und dann wurden die vielfachen Eindrücke des Tages überboten von dem Erlebnis einer Gastfreundschaft, wie sie wohl nur in Irland möglich ist.

Ganz unerwartet bot sich am 5. Januar 1955 eine Mitfahrgelegenheit nach Cork, der zweitgrößten Stadt Irlands, die ich gerne annahm, obwohl ich keinen Stützpunkt und keine Adressen dort kannte, geben doch die irischen Behörden keine Auskunft über Staats- und Religionszugehörigkeit wie in Deutschland. Ich brauchte jetzt wirklich die Spürnase eines Hundes, die mir ein Freund zu Hause für meine Arbeit hier gewünscht hatte.

Im Hotel Victoria fand ich freundliche Unterkunft und einen freundlichen Wirt, der mich darauf aufmerksam machte, daß im 30 km entfernten Fermoy vor kurzer Zeit eine deutsche Bleistiftfabrik errichtet worden war. Dann suchten wir im Telefonbuch nach deutschen oder skandinavischen Namen, fanden einen Metzger und zwei Uhrmacher, aber sie waren, wie mir der Hotelier versicherte, schon vor Generationen Iren geworden. Hoffnungsvoll besuchte ich dann zur offiziellen Stunde um 15 Uhr den Bischof von Cork. Dr. George Otto Simms hatte, wie er mir erzählte, eine deutsche Mutter, der er seinen zweiten Vornamen verdankte. Er begegnete mir mit großer Freundlichkeit, kannte aber nur zwei deutsche Familien, die den anglikanischen Gottesdienst besuchten. Er bedauerte, mir nicht helfen zu können, lud mich aber liebenswürdig zum Tee ein.

Am andern Morgen fuhr ich mit dem Bus nach Fermoy, fragte mich zur Fabrik am Stadtrand durch und fand wirklich neun Deutsche, unter ihnen sieben Lutheraner aus Nürnberg, die hier für Faber-Castell arbeiteten. Sie versprachen mitzumachen, und der freundliche Betriebsführer vermittelte mir ein Telefongespräch mit einem Universitätsprofessor in Cork, der gut deutsch sprach. Am Abend trafen wir uns im Hotel. Er war außerordentlich interessiert und hilfsbereit und fuhr mich anschließend noch zu einer deutschen lutherischen Familie, die mich spontan für den nächsten Tag zum Mittagessen einlud. So kam ich auf etwas verschlungenen Pfaden zu meinem ersten Stützpunkt in Cork.

Beim Abschied aus dem Hotel erwähnte ich beiläufig und lachend am Empfang, daß ich in der Nacht einen Floh im Bett gehabt hätte.

„Oh, nur einen“, entgegnete die Dame schlagfertig, „haben Sie immer DDT dabei, das löst das Problem.“
Wieder in Dublin, zog ich Bilanz. 57 Teilnehmer beim Weihnachtsgottesdienst hatten meine Erwartungen übertroffen, aber ich war enttäuscht, daß sich so wenige in die ausgelegte Mitgliederliste eingetragen hatten, enttäuschter noch, daß der nächste Gottesdienst Anfang Januar kaum besucht war. Wir konnten im Augenblick nur mit etwa 20 Mitgliedern fest rechnen, obwohl nach einer Volkszählung vor einigen Jahren über 100 Lutheraner in und um Dublin leben sollten. In Belfast eine ähnliche Erfahrung. Nach dem Anfangserfolg am 2. Januar mit 45 Besuchern erfolgte auch hier die Enttäuschung. Nur die Studenten bildeten einen soliden Besucherkern.
Die Rückschläge nach den erfolgreichen Weihnachtsgottesdiensten und die Erfahrung in Cork machten mir unmißverständlich klar, daß ich mein Hauptaugenmerk auf die Einwanderer der letzten Jahre, die noch nicht bei einer anderen Konfession eine kirchliche Heimat gefunden hatten, richten mußte. Die Schiffbrüchigen aus dem Baltikum, die sich 1952 hilfesuchend an Bischof Lilje gewandt hatten, waren bis auf eine kleine estnische Gruppe fast ausnahmslos mit und ohne Hilfe des Weltbundes nach den USA weitergezogen.
Aus leidvollen Erfahrungen der Nazi-, Kriegs- und Nachkriegszeit versuchten, oft mit ganz unkonventionellen Ideen, Techniker und Ingenieure, Künstler und Musiker, Kaufleute und Landwirte, Sekretärinnen und Wirtschafterinnen in Irland tätig zu werden und eine Existenz aufzubauen.
Mein Terminkalender glich einem Verschiebebahnhof wegen dauernd wechselnder Verabredungen, aber eine Zusammenkunft stand unverrückbar fest. Der Dienstagabend gehörte, vom ersten Dienstag nach meiner Ankunft, den jungen Leuten des Jugendkreises, den Fräulein Ruddigkeit versammelt hatte. Er bestand aus vier Au-pair-Mädchen und drei Studenten und blieb fortan die fluktuierende, aber sich immer erneuernde und wachsende Keimzelle des Gemeindelebens.
Zweimal in der Woche, aber zu immer wechselnden Zeiten ging ich zu meinem flämischen Lehrer Jan Hol ins Trinity-College, jener alten, von Elisabeth I. gegründeten Universität, deren kostbarster Schatz das „Book of Kells“ war. Jan bewohnte dort eine jener ehrwürdigen Buden, die sich durch jahrhundertealte Tradition und völlig abgewohntes Mobilar auszeichneten. Hier mußten oft aufgeschichtete Bücherstapel ein fehlendes Stuhlbein ersetzen, aber der Student hatte,

wie ein Lord, einen Butler, der das Bett machte, die Schuhe putzte, das Frühstück servierte, und einen Tutor, der ihn in die wissenschaftliche Arbeit ein- und weiterführte. Ein umfassendes und zugleich auch wieder distanzierendes Zusammengehörigkeisgefühl verband, wie der Trinity-Schal und -Schlips, Professoren und Studenten aller Fakultäten, wie es an einer deutschen Universität unvorstellbar ist. Jan Hol war nicht nur mein Lehrer, er wurde mir Freund und kenntnisreicher Berater, der meine Arbeit mit wachsendem Interesse begleitete.

Die Tätigkeit in Belfast hatte ich ohne Rücksicht auf die gespannte Atmosphäre zwischen der Republik Eire und dem zum britischen Königreich gehörenden Ulster begonnen, aber je länger desto mehr beschäftigte mich die Frage nach der rechten Zuordnung der Aufgaben im Norden und Süden der Insel. Jan Hol riet, um mich vor Fehlentscheidungen zu bewahren, mich mit der Geschichte des Landes vertraut zu machen.

Das Verhängnis begann mit einem unheiligen Bündnis zwischen dem englischen König Heinrich II. Plantagenet, der die Lehnshoheit über Irland anstrebte, und Hadrian IV., dem einzigen Engländer auf dem päpstlichen Thron, der die Kirche Irlands der römischen unterstellen wollte. Hadrian übertrug mit der Bulle „Laudabiliter" 1155 Heinrich II. die Insel Irland als Lehen: „Um die Grenzen der Kirche zu erweitern, die Kenntnis des Glaubens einem unwissenden und unzivilisierten Volk zu bringen und das Unkraut der Gottlosigkeit im Acker des Herrn auszurotten."

Heinrich II. nutzte daraufhin 1171 die Bitte seines Vetters Diarmuid von Leinster, der Hilfe gegen seine Mitkönige suchte, um mit seinen Truppen in Waterford zu landen und alle irischen Granden zu Treueid und Anerkennung zu zwingen. Der in den folgenden Jahrhunderten immer erneut aufflammende Widerstand gewann neue Bitterkeit und Schärfe, als Heinrich VIII. und seine Nachfolger versuchten, die Reformation in Irland einzuführen. Mit dem Osteraufstand 1916 gelang den Iren der Durchbruch zur Freiheit für Leinster, Munster und Connaught. Die Frage, wohin das heute mehrheitlich protestantische Ulster gehören solle, führte zu den haßerfüllten, blutigen und oft geradezu an Bürgerkrieg erinnernden Auseinandersetzungen bis in die jüngste Gegenwart.

Der geschichtliche Befund ließ es mir geboten erscheinen, unsere Arbeiten im Norden und Süden der Insel, den staatlichen Gegebenheiten angepaßt, sich in verschiedenen Rechtsformen entwickeln zu las-

sen. Die Gemeinde in Belfast sollte zur Synode in London gehören, die Kirche in der Republik, unabhängig von London, in direkter Verbindung zur VELK und dem Lutherischen Weltbund stehen. Auf weite Sicht bedeutete das eine eigene Pfarrstelle für Belfast. Für die augenblickliche Situation erbat ich in Hannover eine Gemeindehelferin und schlug dafür Schwester Marga Reibert vor. Sie hatte sich schon in meiner Paderborner Gemeinde durch geistesgegenwärtiges Improvisieren bewährt. Ihr besonderer Auftrag sollte den deutschen Frauen gelten, die Soldaten der Besatzungsarmee geheiratet hatten. Diese jungen Frauen hatten sich ihre Umgebung meist ganz anders vorgestellt und litten unter Heimweh.
In Dublin schwebte noch immer Katzenbergers Unheilprophetie wie ein Damoklesschwert über meinen Wegen. „Erfolglos und enttäuscht nach Deutschland zurück!" Der Nachmittagsgottesdienst in der gastfreien „Moravian Church" konnte, das war mir klar, nicht zu einer Gemeindebildung führen. Dabei gab es tatsächlich in Dublin eine Kirche, die am Sonntagmorgen unbenutzt war. Ich hatte sie nur noch nicht entdeckt. Und dann stand ich bei einem Bummel durch die Straßen um die National University vor St. Finian's, und meine Augen starrten gebannt auf den Aushang in gälischer Sprache: Gottesdienst 20 Uhr. Natürlich fand ich mich um 8 pm in dem kleinen Gotteshaus ein, in dem etwa 20 Besucher die anglikanische Liturgie in gälischer Sprache feierten. Am andern Morgen, wieder auf dem Weg zu St. Finian's, stieß ich in der Harcourtstreet auf Rev. Michael Ferrar, den Seelsorger der Trinitystudenten. Er hatte mir nach unserem Weihnachtsgottesdienst Rat und Hilfe zu jeder Zeit angeboten und erklärte mir nun in großer Bereitschaft die Verhältnisse um das kleine Gotteshaus im neonormannischen Stil. Von den Irvingianern erbaut, von den Anglikanern übernommen, war es jetzt Heimstatt einer Liga für gälische Sprache in der Kirche der Anglikaner.
Es war wohl nicht schwer für Rev. Ferrar, meine Gedanken zu erraten, und er versprach mir, sich um einen Gesprächstermin für mich bei seinem Erzbischof zu bemühen. Wenige Tage später erhielt ich die erbetene Audienz bei dem hochangesehenen Erzbischof Dr. A. W. Barton. Er hatte viel Verständnis für mein Anliegen, betonte ökumenische Hilfsbereitschaft und gab seine Zustimmung, falls das gälische Komitee, das St. Finian's benutzte und verwaltete, mir Gastrecht gewähren würde. Er versprach mir auch, eine Einladung zu meiner Einführung, falls sie in St. Finian's stattfinden sollte, anzunehmen.
Die Geschäfte der Vereinigung für die gälische Sprache führte Miss

Eileen Pearson, englische Lehrerin viktorianischer Prägung, mit Selbstbewußtsein und Akribie. Ihr konnte es nach Anlage und Charakter nicht leichtfallen, uns aufzunehmen, und sie konnte sich nicht entschließen, den Wünschen des Erzbischofs nachzugeben. Erst mein Blitzbesuch in der Deichmannsaue in Bad Godesberg beim irischen Botschafter, der Mitglied in ihrem Komitee, zugleich aber an der Pflege irisch-deutscher Beziehungen interessiert war, schaffte den Wandel, doch zu einer vollen Besänftigung, ja Freundschaft mit der eisernen Dame bedurfte es noch einiger Jahre. Noch knüpfte sie ihr Placet an einige etwas eng gezogene Auflagen. Mit ihrer Erlaubnis konnten wir unseren ersten Gottesdienst in St. Finian's am Sonntag, dem 13. März 1955, von 11-12 Uhr halten und damit eine Reihe eröffnen, die sich bis in die Gegenwart sonntäglich fortgesetzt hat.
Nach der Kirche das Pfarrhaus! Der Dubliner Immobilienmarkt war sehr lebhaft. Die Makler überboten sich, zeigten mir etwa 20 Objekte, das 21. gefiel mir. Es war ein kleines, 1937 erbautes Doppelhaus, dessen rechte Hälfte zum Verkauf stand. Es lag in der Nähe zahlreicher Botschaften im südlichen Stadtteil Ballsbridge, hatte im Erdgeschoß zwei durch eine Schiebetür getrennte Zimmer und ein kleines Studio, dazu oben vier Schlafzimmer. Nach Ansicht meiner Berater aus der Gemeinde, Oskar Kerson und Dr. H. W. Rosen, war es in gutem Bauzustand und preisgünstig. Ich berichtete erfreut an das Lutheran Council in London, das Bedenken anmeldete und von mir weitere Angebote wollte, die den Kauf erheblich verzögert hätten. In London hatte man an eine Kombination von Gemeinderaum und Pfarrhaus gedacht, und nach der erfreulichen Möglichkeit in St. Finian's an ein großes Haus, das man dann teilweise wieder vermieten wollte. Erst mein kategorischer Hinweis auf die mir zugesagte Entscheidungsfreiheit in dieser Frage brachte die von mir gewünschte Lösung.
Der Lutherische Weltbund stellte mir, wie vereinbart, ein Drittel des Kaufpreises zur sofortigen Anzahlung zur Verfügung, für den Rest konnte ich bei der „Permanent Building Society" ein Darlehen aufnehmen, das innerhalb von 30 Jahren in monatlichen Raten zurückgezahlt werden sollte. Anfang März konnten Dr. Rosen und Herr Kerson als Trustees der Gemeinde den Kaufvertrag mit Mrs. Ellis abschließen. Es ist bis 1992 das Pfarrhaus gewesen und hat seinen Wert erheblich vermehrt.
Bei der Unterzeichnung unserer Verträge in Irland hatte mich die Frage des Rechtsanwaltes nach unserem Kirchensiegel, das ich neben die Namen setzen sollte, in einige Verlegenheit gebracht. Wir hatten

keins! Fehlte uns ja doch aller normale Zubehör eines Pfarramtes, wie Kirchenbücher, Tauf- und Trauregister etc. Auf meine Bitte fertigte der Graphiker und gute Freund Josef Dominicus aus Paderborn ein künstlerisch hervorragend gestaltetes Siegel mit dem Charakteristikum unserer Kirche: Wort und Sakrament.
Bisher hatte ich alle Entscheidungen allein treffen müssen, obwohl ich, wo immer möglich, sachkundigen Rat erbeten und erhalten hatte. Jetzt, da sich deutliche Konturen einer Gemeinde abzeichneten, benötigte ich einen Kirchenvorstand. Zum Kirchmeister wurde Oskar Kerson gewählt, dazu kamen Bruno Achilles, Herbert Dick, Eva Rosen und Hermann Staib. Auf die Mitarbeit von Dr. Hampe mußte ich mit großem Bedauern verzichten. Er hatte mir vor der Versammlung mitgeteilt, daß er in Kürze nach Bonn versetzt werde. Daß ich ihn dann doch noch vor seinem Abschied von Dublin, wie abgesprochen, mit Fräulein Elisabeth Hamann aus Hamburg in St. Finian's als mein erstes Paar trauen durfte, nahm ich als eine der freundlichen Fügungen Gottes, die sich wie geheimnisvolle Fäden durch unser Leben ziehen.
In St. Finian's hielt ich nunmehr jeden Sonntag Gottesdienst nach Luthers Deutscher Messe. Unsere Kirche sollte von Anfang an Kirche des Wortes und des Sakramentes sein. Alle vierzehn Tage fuhr ich danach zum Abendgottesdienst nach Belfast, anfangs mit der Eisenbahn von Amien Street Station, später mit dem Auto. Ich hatte mir einen Volkswagen gekauft, irisches Modell mit Lenkrad an der rechten Seite, und mich schnell an den Linksverkehr gewöhnt. Die Motorisierung erleichterte mir fast alle Aufgaben, viele wurden durch sie erst ermöglicht. Es gab kaum eine Stadt, in der ich nicht nach versprengten Lutheranern gesucht hätte. Viele Jahre später, bei einer Rückschau, hielt ich einen Vortrag über meine damalige Arbeit unter dem Titel: „Aufbau einer Gemeinde mit Bibel und Volkswagen".
Mit dem lutherischen Kirchenamt in Hannover hielten wir guten Kontakt, und Bischof Lilje hielt nunmehr den Zeitpunkt für meine Einführung für gekommen und schlug den 17. April 1955 vor. Er hätte kaum eine bessere Wahl treffen können als diesen Sonntag Quasimodogeniti, der den Zusammenhang zwischen Ostern und der Freude im Leben der Christen offenbar macht. Er hätte auch keinen schöneren Text seiner Predigt zugrunde legen können als eben den 20. Vers aus dem Sonntagsevangelium: „Da wurden die Jünger froh, als sie den Herrn sahen."
Der Einführungsgottesdienst war bestimmt und erfüllt von österlicher Freude. Bischof und Erzbischof segneten den ersten lutherischen

Pfarrer für Irland, und die Brüder im Amt grüßten mit Bibeltexten in englischer, deutscher, schwedischer und estnischer Sprache. Nach dem Gottesdienst fanden sich Gäste und Gemeinde in den Räumen der Irish-German-Society zu einem Empfang.
Die weite Resonanz der Presse im englischen Sprachraum bis hin zum amerikanischen Time Magazin war unerwartet. Sie berichtete meist überraschend ausführlich, immer aber wohlwollend. Das Time Magazin schrieb am 9. Mai unter der Überschrift: „Luther in Ireland" u.a.: „What would St. Finian have thought, he who is known as the 'Teacher of the Irish Saints'? In the Handsome Dublin church named for the great 6th century monk, a new pastor was preaching last week, and in his accents there was precious little of the Liffey. For a fact, the Rev. Hans Dietrich Mittorp was German, and a Lutheran at that – the first Lutheran pastor with a parish in Ireland for more that two centuries ... His polyglot congregation is the first Lutheran Church in Europe not organized on national lines. Says he: 'This is the right way. The church should not be bound by nationalism but by ties of belief.'"
Ein unverheirateter Pfarrer und ein fast bezugsfertiges Pfarrhaus geben Anlaß zu mancherlei Spekulationen. Auch in Dublin waren fürsorgliche Gemüter, die mich mit guten Ratschlägen versahen, weil sie glaubten, daß ich eine liebende und tüchtige Pfarrfrau für die vielschichtigen Aufgaben benötigte. Sie konnten nicht wissen, daß ich längst eine Entscheidung gefällt hatte.
Noch unterrichtete freilich meine Auserwählte in Rheine Gymnasiasten in Geographie, Deutsch und Geschichte und wartete auf grünes Licht von der grünen Insel. Ich schlug ihr als Ort für unsere Trauung die Hamburger Lutherische Kirche in London vor, in der es eine Tradition gab, an die ich anzuknüpfen gedachte. Dort waren die beiden ersten lutherischen Geistlichen, die auf irischem Boden gewirkt hatten, getraut worden: Ever Diderich Brinck, Feldprediger bei einem dänischen Truppenteil im Juli 1692, und Estras Marcus Lichtenstein, Feldprediger bei einem brandenburgischen Regiment im Dezember 1692. Nach dem Frieden von Ryswick 1697 und der Auflösung des Regiments blieb Lichtenstein in Dublin und sammelte dort die erste lutherische Zivilgemeinde.
Die Studienassessorin Maria Johanna Ricking nahm meinen Vorschlag gerne auf, und wir wurden am 24. Mai 1955 in der Hamburger Kirche durch meinen Freund Gottfried Klapper getraut. Ende Mai waren auch unsere Möbel angelangt, und wir bezogen 21, Merlyn Park. Das Haus wurde uns für zwölf Jahre Hafen und Heimat, war

oft auch Zuflucht für Rat- und Hilfesuchende und in den ersten Jahren zugleich Gemeindehaus en miniature. Alle Gemeindeveranstaltungen vom Konfirmandenunterricht über den Jugendkreis bis zur Kirchenvorstandssitzung fanden in unserm Wohnzimmer statt.
Nachbarliche Antrittsbesuche, wie wir sie von Deutschland gewohnt waren, werden in Irland als unangebracht oder gar aufdringlich angesehen. Wir warteten daher ab. Die Nachbarn beobachteten unser Tun und Lassen aufmerksam, schienen damit einverstanden, denn eines Tages klopfte als erster ein englischer Oberst, der in Indien gedient hatte, an unsere Tür und hieß uns mit einem riesigen Maiglöckchenstrauß aus dem Garten für „gnädige Frau" willkommen. Und dann klopften Mr. und Mrs. Mc Kevitt, pensionierter irischer Bankdirektor, der die andere Haushälfte bewohnte und mit dem wir noch lange nach unserm Weggang freundschaftlich verbunden blieben. Und dann kamen sie alle von rechts und von links und von gegenüber. Wir waren akzeptiert.
Zwei kleine Buben, Söhne eines in der Nähe wohnenden Zahnarztes, strichen häufig um meinen Volkswagen und schauten in die Fenster hinein. Zutraulicher geworden, baten sie mich, ihnen meinen Kofferraum zu öffnen. Sichtlich enttäuscht fragten sie, wo denn meine Maschinenpistole sei, und dann: „Alle Deutschen haben doch eine Maschinenpistole hinten im Auto. You are German, aren't you?" In welch martialischem Ruf standen wir noch 1955! Bei den Buben freilich hatte ich alles Ansehen verloren.
Meine Frau begleitete mich jetzt häufig bei meinen Erkundungsfahrten, scherzhaft „Seelensafari" genannt, in ein uns noch völlig unbekanntes und unerforschtes Gebiet. Wo befanden sich die Deutschen, wo die Lutheraner? Auf einer unserer ersten Fahrten erfuhren wir an einer Tankstelle in der Nähe vom Glen of the Downs, daß auf einem Hof in der Umgebung eine deutsche Frau lebe, man wisse aber weder Namen noch genauen Wohnsitz. Wir begannen ein intensives Forschen und Fragen von Gehöft zu Gehöft, erkundigten uns in Wirtschaften und Tabakläden und fanden schließlich etwa zehn Meilen entfernt eine deutsche Großmutter, die bei ihrer irisch verheirateten Tochter lebte. Sie war vor sieben Jahren für ein paar Wochen zu Besuch gekommen und hatte dann immer wieder ihren Aufenthalt verlängert, wie das so mancher Besucher in Irland getan hat. Sie freute sich unbeschreiblich, einen deutschen Pfarrer zu haben, mit dem sie in ihrer Muttersprache reden und beten konnte, denn mit dem englischen Gottesdienst war sie nie zurechtgekommen.

Auf der gleichen Fahrt suchten wir vor Arklow nach einem deutschen Landwirt. Vergeblich! Statt dessen fanden wir einen anglo-irischen Schriftsteller, Brian Lunn, der Aufsätze über Luther veröffentlicht hatte, deutsch sprach und Luther und Goethe liebte, im englischen Sprachraum eine ungewöhnliche Erscheinung. Auf dem Rückweg fuhren wir an einem Gut vorbei, dessen tiefe Ackerfurchen auffallend gradlinig verliefen und dessen Ställe einen frischen Anstrich hatten. Auf gut Glück fuhren wir hinein und entdeckten tatsächlich den Farmer, den wir so lange gesucht hatten. Wir suchten in den nächsten Monaten auf vielfältige, oft ungewöhnliche Weise, riefen die Träger deutsch klingender Namen an, hielten auch auf ländlichen Straßen Autos mit deutschen Kennzeichen an. Wir erhielten auch fast immer freundliche Auskunft, wenn wir uns in Apotheken, Restaurants und Tankstellen nach Deutschen und Skandinaviern erkundigten.

Schon im Herbst 1956 stellte sich unserer immer noch kleinen Schar eine völlig unerwartete Aufgabe. Nach dem Aufstand der Ungarn und dem Einmarsch der Russen hatten sich Tausende von Oppositionellen auf die Flucht begeben, und ein Teil von ihnen hatte im November 1956 in Irland Aufnahme gefunden, unter ihnen auch zwei Dutzend Lutheraner. Wir kümmerten uns um sie, soweit wir konnten, bis eine Gruppe nach der anderen nach Amerika weiterzog in eine zwar ungewisse, aber doch gesicherte Zukunft.

Unsere Arbeit hatte wohl in der allernächsten Nachbarschaft, aber kaum in der irischen Öffentlichkeit Beachtung gefunden. Als aber J. F. Kennedy, „Irlands prominentester Sohn“, Berlin besuchte, fand unsere Existenz auch bei amtlichen Stellen Beachtung und Anerkennung. Gelegentlich fanden auch katholische Christen den Weg nach St. Finian's. Nachdem in Rom Papst Johannes XXIII. das Zweite Vatikanische Konzil einberufen hatte, lockerten sich auch in Irland die Frontstellungen etwas. In diesem Zusammenhang ist sicher interessant, daß der schwedische Botschafter, der uns in die „Royal Dublin Society“ eingeführt hatte, mich zu einer ökumenischen „stag party“ einlud, bei der ich an der Tafel meinen Platz zwischen zwei Erzbischöfen fand. Mir gegenüber saß Kardinal Conway. Er begrüßte mich besonders freundlich mit der Erklärung, ich sei der erste lutherische Geistliche, den er zu Gesicht bekomme.

Das Pfarrhaus wurde immer mehr zum Sammel- und Mittelpunkt auch für die auf dem Land zerstreut lebenden Lutheraner. „Porta patet, cor magis“ – dieses schöne Zisterzienserwort stand zwar nicht,

Abb. 11: Begrüßung von Landesbischof Dr. Hanns Lilje, Präsident des Lutherischen Weltbundes (2. von links), zur Einführung des neuen Pfarrers in Dublin durch Botschafter Dr. Katzenberger (2. von rechts)

Abb. 12: Familienglück in Irland: bei der Taufe von Tochter Adelheid mit dem Bruder Klaus Dieter

wie bei ihnen, über dem Eingangstor, aber es spiegelt die Einstellung, insbesondere meiner Frau, wider, die eine immer einsatzbereite Gastfreundschaft praktizierte. Es gab kaum Tage, an denen nicht irgendein Gast an irgendeiner Mahlzeit teilgenommen hätte, und es gab auch kaum jemanden, der ohne eine wenn manchmal auch nur bescheidene Hilfe das Haus wieder verlassen hätte. In einem Dankesbrief schrieb Gottfried Klapper, inzwischen Oberkirchenrat in Hannover: „Die Gastfreundschaft, die in Ihrem Hause geherrscht hat, habe ich selber oft erleben können. Ich habe an diesem Tage auch gemerkt, wieviel bei Ihnen angerufen wird und wie viele Menschen kommen. Für den in all diesen Zeichen sichtbaren Dienst ist die innere Mitwirkung der Pfarrfrau von ganz entscheidender Bedeutung."

In Belfast hatte Schwester Marga sehr schnell einsatzbereite Helfer gefunden. Zu den Getreuen der ersten Stunde in Belfast gehörte Mrs. Hingston. Sie war in der Arabermission Pastor Schnellers in Jerusalem getauft und konfirmiert worden und lernte dort Mr. Graham Hingston kennen, der in der englischen Armee Dienst tat. Die beiden wurden ein glückliches Paar und siedelten nach Belfast über. Mrs. Hingston wurde unsere Organistin und blieb es über drei Jahrzehnte. Bei jedem Pfarrerwechsel war die vollblütige Araberin sicherer Garant der lutherischen Tradition der Gemeinde.

Auch Frau Liselotte Schmitz, halbjüdischer Abstammung, Leiterin einer angesehenen kleinen Privatschule, hatte an der Konstituierung der Gemeinde wesentlichen Anteil. Sie wollte nach bitteren Erfahrungen im Dritten Reich mit Deutschland und den Deutschen nichts mehr zu tun haben. Als sie aber festgestellt hatte, daß unsere Arbeit nicht auf nationaler Basis erfolgte, sondern vom Lutherischen Weltbund getragen wurde, schloß sie sich uns an. Unser Kirchenvorstand verdankt ihr viele Anregungen und unermüdliche Förderung, wo immer sie konnte.

Die Benutzung der Universitätskirche wurde schwieriger, nachdem die Studenten des neuen Jahrgangs das Interesse an uns verloren hatten. Um unabhängig zu werden, mieteten wir in der Ormeau Road eine geräumige Wohnung, in die auch Schwester Marga umziehen sollte.

In bewundernswerter Schnelle, mit viel Liebe und Geschick hatte Schwester Marga die beiden größten Zimmer in eine würdige und schöne Kapelle umgewandelt, und am 18. Februar 1956 konnte ich sie unter dem Jubel und der Freude der Belfaster als den neuen geistlichen Mittelpunkt der Gemeinde einweihen. Mein Dank galt neben der rührigen Schwester Marga der anglikanischen „Mission to Seamen" für den gestifteten Altar und dem Dubliner Jugendkreis für ein eigenhändig auf Pergament gemaltes „Kirchenfenster", das eine Abordnung überbrachte und damit den ersten Kontakt zwischen der Dubliner und Belfaster Gemeindebasis herstellte.

Aus dem vorletzten Gottesdienst in der Universitätskirche möchte ich eine Begebenheit festhalten, die wir später das „kleine Weinwunder" nannten. Der Altarwein war auf rätselhafte Weise aus dem Sakristeischrank verschwunden, und da es bei den strengen Gesetzen der Belfaster Sonntagsheiligung völlig unmöglich war, in einem Restaurant Ersatz zu beschaffen, bot sich der hilfsbereite presbyterianische Küster an, bei einem Freund sein Glück zu versuchen, er benötige aber eine halbe Stunde. Ich hielt seine Aussichten für gering und bat daher Schwester Marga, in der Telefonzelle vor der Universität bei zwei Familien anzurufen, von denen ich annahm, daß sie noch nicht unterwegs zur Kirche seien. Obwohl keiner der ausgesandten Boten zurück war, begann ich den Gottesdienst pünktlich wie immer, begab mich aber nach der Eingangsliturgie in höchster Erwartung in die Sakristei und traute meinen Augen nicht: Ich fand drei Flaschen Wein, eine strahlende Schwester und einen stolzen Küster. Es klingt verrückt, aber es ist die lautere Wahrheit; der Sonntag war der 2. nach Epiphanias mit dem Evangelium von der Hochzeit zu Kana. Für uns lag an jenem Abend Kana in Nordirland und nicht in Galiläa.

Wenige Wochen später konnten wir am 3. April mit zwei Mädchen und zwei Jungen die erste Konfirmation in unserer neuen Kapelle feiern.

Auch die kleinste Kirchengemeinschaft ist genötigt, vor der Öffentlichkeit zu bezeugen, was sie ist, was sie will und vor allem was sie glaubt, bedarf also einer gültigen Verfassung. Für die Gemeinde in Belfast war die Frage durch die korporative Zugehörigkeit zu der evangelisch-lutherischen Synode deutscher Sprache im Vereinigten Königreich geklärt.

In Dublin beschloß die Gemeindeversammlung am 22. März 1957 einstimmig eine Verfassung mit zehn Grundartikeln, von denen Paragraph 1 und 2 so lauten: §1 Die Lutherische Kirche in Irland umfaßt alle Lutheraner, die in der Republik Irland wohnen, ohne Unterschied der Nationalität. Ihr Sitz ist in Dublin, ihre Hauptkirche die St. Finian's Kirche in Dublin. Sie steht in enger Verbundenheit mit dem Lutherischen Weltbund, der Evangelischen Kirche in Deutschland, der Vereinigten Evangelisch-Lutherischen Kirche Deutsch-

lands, der Evangelisch-Lutherischen Synode deutscher Sprache im Vereinigten Königreich und dem Lutheran Council of Great Britain.
§2 Die Lutherische Kirche in Irland gründet sich in Lehre und Leben auf die heilige Schrift und die Lutherischen Bekenntnisschriften.
Damit war die Verselbständigung in Nordirland in die Wege geleitet, wenn auch einstweilen die Arbeit in Personalunion von Dublin weiter getan werden mußte, bis im Sommer 1960 Pastor David Hoecker von der Central Pennsylvania Synod in den Vereinigten Staaten die Aufgabe in Belfast als ein „Full-time-Pastor" übernahm, nachdem er in St. Finian's durch Rev. William B. Schäffer „on behalf of the Pennsylvania Synod" ordiniert worden war.
Bei einer Vakanz in späteren Jahren konnte sich, wohl im Blick auf die bürgerkriegsähnlichen Zustände, kein männlicher Bewerber finden, bis sich schließlich eine tapfere Frau bereit erklärte, die Arbeit in Belfast aufzunehmen. Ich selbst habe an der Grenze und anderswo im Norden manchen Alarm erlebt, auch eine Bombe explodieren sehen, aber unsere Arbeit ist weder direkt noch indirekt jemals behindert worden.
Im äußersten Süden hatte sich der Schwerpunkt von Cork, wo sich St. John's für unsere kleine Schar als zu groß erwiesen hatte, nach Killarney verlagert und wuchs unerwartet schnell zu einem blühenden Filial, das nicht nur Cork und Killarney, sondern auch Kenmare, Bantry und Tralee umfassen sollte. In Killarney, der schönsten aller irischen Traumlandschaften, hatte der deutsche Unternehmer Liebherr neben seinem Hotel „Europe" für seine Werksleiter eine schmucke Bungalow-Siedlung erbaut, in der es sogar eine kleine deutsche Schule gab.
Wenn wir uns in der benachbarten kleinen Kirche von Aghadoe, von den Anglikanern freundlich zur Verfügung gestellt, im Schein ungezählter Kerzen um den mit vielen dort in Fülle wachsenden Kamelien geschmückten Altar versammelten, vermochten sich sagenumwobene Geschichten und unsere gegenwärtigen Freuden und Leiden in überraschender Weise zu vertragen. Nach dem Gottesdienst lud ich im gastfreien Hotel zu gemeindlich-fröhlichem Zusammensein, bei dem bald flache, bald tiefgründige Gespräche über Gott und die Welt uns oft bis in die Nachtstunden zusammenhielten.
In den Grafschaften Limerick und Clare hatte ich noch keine lutherische Seele aufspüren können, hatte aber erfahren, daß sich in Shannon-Airport eine kleine Gruppe von Hannoveranern auf der Hotelfachschule befände. Auf dem Weg dorthin erlebten meine Frau und

ich ein besonders schönes Beispiel irischer Toleranz und Noblesse in Ennis. Während wir im Old Ground Hotel die Speisekarte studierten, stellte sich uns ein Mr. O'Reagan vor, er sei der Chef hier und ob er sich die Frage gestatten dürfe, welcher Kirche ich zugehöre. Er habe an meiner Kleidung gesehen, daß ich weder katholisch noch anglikanisch sei. Ich erzählte ihm von meinem Auftrag. Dann hätte ich ja einen weit größeren Bezirk als sein Bischof, der bei Besuchen in Ennis selbstverständlich sein Gast sei. Er selbst sei gut katholisch, aber es würde ihm Freude machen, auch meine Frau und mich als seine Gäste betrachten zu dürfen, auch für längeren Verbleib. Beeindruckt und tief gerührt, lehnten wir das Logisangebot ab, nahmen aber die Einladung zum Lunch an, zu dem er uns eine besonders gute Flasche Rheinwein als Extragabe für uns Deutsche aus dem Keller holte. Da ich ihm auch von unserer beabsichtigten Weiterfahrt nach Shannon erzählt hatte, machte er einen großzügigen Vorschlag: er wolle Anweisung geben, da ihm die Restauration in Shannon gehöre, alle deutschen Hotelfachschüler aus dem laufenden Betrieb zu einem Gespräch mit mir für eine Stunde zu beurlauben. Bei unserer Ankunft erwarteten uns eine sehr freundliche Leiterin und zehn verwunderte und erfreute junge Leute. Die Stunde verlief so interessant, daß uns einige von ihnen später in Dublin besuchten.
Gelegentlich hatte ich meinen Freunden in den lutherischen Kirchen auszumalen versucht, wie schön und hilfreich es für unsere junge Gemeinde wäre, könnte sie die liebgewonnene St. Finian's Church ihr eigen nennen. Ich hatte aber auch zugleich darauf hingewiesen, wie schwierig erste Gehversuche in dieser Hinsicht gewesen seien, da eine im Grundbuch abgesicherte Bestimmung eine Veräußerung verhindere. Unsere fast utopischen Wünsche gingen dann aber nach der Wahl von Dr. George Otto Simms zum Erzbischof in Dublin schneller und schöner in Erfüllung, als wir es je hätten erträumen können. Dank seiner großen ökumenischen Bereitschaft und mit Bischof Gösta Lundström aus Strängnäs bei den Verhandlungen an unserer Seite kam es zu einem außerordentlich günstigen Pachtvertrag, der uns am 3. November 1960 die schöne kleine Kirche in der Stadtmitte für 99 Jahre bei einem symbolischen Pachtzins von 1 shilling per annum überließ.
Umfassende Erneuerungsarbeiten unter Leitung von Architekt H. Siberry gaben dem Inneren ein fast neues Gesicht, auch die Frage eines anderen Namens wurde lebhaft diskutiert. Ich freue mich noch heute, daß es mir gelungen ist, mit „Lutheran St. Finian's Church" den alten

Namen beizubehalten. Es sollte auch der irischen Öffentlichkeit deutlich machen, daß im Luthertum alte christliche Tradition bewahrt wird. Bischof Finian war einer der berühmten Lehrer des alten Irland und wurde mit dem Titel Magister Sanctorum Hilberniae geehrt. Er hatte 520 in Clonard eine Klosterschule gegründet, die in manchen Jahren bis zu 3.000 Schüler gezählt haben soll.
Im Mai 1961 war Bischof Lundström wieder auf dem Weg nach Dublin, auch Erzbischof Simms und Reverend Schäffer vom Lutheran Council hatten ihr Kommen zu dem Weihegottesdienst zugesagt. Für die Gemeinde und ihre Geschichte war der Pfingstsonntag 1961 ein einmaliges und unvergeßliches Ereignis. Bei strahlendem Sonnenschein und in festlicher Freude zogen Gemeinde, Gäste und Geistlichkeit in die Kirche, die eine solche Fülle wohl noch nie erlebt hatte. Bischof Lundström hielt die Weihe von Altar, Taufstein und Kanzel in deutscher, die Predigt in englischer und das Abendmahl in schwedischer Sprache. Die Festgemeinde war tief bewegt und voll jubelnden Dankes stimmte sie an:

„Hier sagt der Taufstein: ‚Du bist sein',
hier der Altar ruft zum Mahle.
Hier ruft das Wort: ‚Und er ist dein,
bei dir im finstersten Tale',
Jesus der Herr in Ewigkeit,
schenkt der Gemeinde allezeit
Glaube und Hoffnung und Liebe."
(N. F. S. Grundtvig)

In der Weihe war schon deutlich geworden, daß wir eine dreifache liturgische Kirchensprache hatten. Die Nationalitätenzugehörigkeit war noch bunter, bei besonderen Gelegenheiten zählten wir bis zu 15 verschiedene Nationen, bei offiziellen Anlässen noch mehr: Bei dem Trauergottesdienst für die schwedische Königinmutter Luise in St. Finian's erschien das gesamte diplomatische Corps, auch der irische Außenminister. Es war das erste Mal, daß ein irischer Außenminister an einem nichtkatholischen Gottesdienst teilnahm. In vergleichbaren Fällen pflegte die Regierung früher einen anglikanischen Staatssekretär zu entsenden.
Der nationalen Vielfalt entsprachen auch die Besucher, die sich angemeldet oder spontan in St. Finian's einfanden: oft führende Männer der Kirche, Professoren und Bischöfe, u.a. Bischof Birkeli aus Stavanger, Bischof Kastlund aus Stockholm, Josiah M. Kibira aus Tanganji-

ka, der spätere Präsident des Lutherischen Weltbundes, Propst Nyquist aus Finnland, lutherische Kirchenführer aus Amerika.
Besucher aus Deutschland wunderten sich, daß auch regelmäßig zwei farbige Lutheraner zum Gottesdienst kamen, Studenten am Trinity-College, der eine Häuptlingssohn aus Tansania, der andere, aus Guayana, lernte eigens Deutsch, um der Liturgie folgen zu können, und schrieb ins Gästebuch: „Although I do not understand the language I have found fellowship and contentment in St. Finian's."
Auch der deutschsprachigen Kerngemeinde mangelte es nicht an Vielgestaltigkeit in ihrer Zusammensetzung aus überraschend glücklichen Begegnungen, wenn etwa im Flugzeug von Frankfurt nach Dublin bei der damals noch notwendigen Zwischenlandung eine günstige Gelegenheit zu Kontakt und Gespräch sich wie von selbst anbot. Im „Transitroom" von Manchester hat sich mehr als einer für unsere Gemeinde angemeldet, unter ihnen auch Heinz Langheld, später langjähriger und verdienter Kirchmeister.
Im Gottesdienst überwogen oft die jungen Teilnehmer, die seit der Konfirmation kein Verhältnis mehr zur Kirche gehabt hatten: Vertreter deutscher Firmen, Studenten und Studentinnen der beiden Dubliner Universitäten, Krankenschwestern, Au-pair-Mädchen und solche, die einfach von zu Hause weggegangen waren, um das Leben zu erkunden.
Nicht zu übersehen sind die älteren Jahrgänge und Lebensstufen in wohlproportioniertem Verhältnis: judenstämmige Christen und gewandelte Nazis, vertriebene Flüchtlinge und begüterte Einwanderer. Familie Graf zu Dohna erschien jeden Sonntag in drei Generationen, von der Großmutter, die – aus alter Schule – Bibel und Gotha fast noch auswendig kannte, bis zur jüngsten Tochter. Die Verbundenheit in unserer Gemeinde mit ihrer farbenfrohen Vielgestalt schien mir oft ein wenn auch sehr vorläufiges Abbild einer vollkommenen Gemeinschaft zu sein, wie sie in anderen Dimensionen auf uns wartet.
Wo und wie immer wir konnten, hatten Schwester Marga und ich Städte und Dörfer durchfragt und fanden auch gelegentlich einsame und vergessene Glaubensgenossen, Uhrmacher und Metzger in den Städten, Landwirte auf kleinen Kotten oder stattlichen Herrensitzen. Nicht selten hatten sie ihre Tradition vergessen oder sich anderen Konfessionen angeschlossen. Unter den Neuankömmlingen begegneten uns manchmal unerwartet bewußte Glieder unseres Bekenntnisses, Christen, denen wir nicht zu erklären brauchten, warum und

weshalb wir hier waren, die zu uns gehörten, längst bevor wir sie kannten oder sie von uns gehört hatten.
Oft waren unsere Fahrten vergeblich und ohne greifbaren Erfolg, häufiger aber noch wurden uns glückliche Tage mit unvergessenen Begegnungen geschenkt. Es gab hier und da natürlich auch Leute, die uns die kalte Schulter zeigten. Sie waren nach ihrer Einwanderung so sehr beflissen, sich in die neuen Verhältnisse zu integrieren, daß sie die lutherische Tradition als Belastung empfanden. Die Resonanz in der irischen Bevölkerung wird sie nur begrenzt erfreut haben.
Mein Wunsch, die einzelnen Glieder in den Grafschaften zu Gruppen zusammenfassen zu können, ließ sich wegen der doch zu geringen Anzahl nicht erfüllen. In manchen Bezirken gab es keine einzige Seele, in anderen nur ein oder zwei Familien. Wir mußten sie von der Zentrale in Dublin versorgen, und auf dem Weg zu ihnen durfte kein Gras wachsen. Die Bedeutung unserer Kirche in Dublin für die ganze Republik wurde dadurch gefördert, daß die Konzession des Staates, die meinen Trauungen bürgerliche Rechtskraft verlieh, an St. Finian's gebunden war. Dieses Privileg verdankte ich dem Fund eines alten lutherischen Kirchenbuches von 1806-1838, das ich in einem Dubliner Archiv entdeckte.
Ich war beglückt, daß aus einem Umkreis von etwa 30 Meilen die Treuen wie u.a. Eppler und Bohn aus Drogheda, Graf zu Dohna aus Lucan, Dres. Ries und Hof aus Kilcoole, Langheld aus Bray, von Minkwitz aus Greystones, Toomel aus Malahide, Linde aus Killiney regelmäßig ihren Weg zur Kirche fanden. Weit verstreut in der gesamten Republik wohnten etwa 20 Glieder in völliger konfessioneller Isolation, die den Weg zur Kirche nicht sonntäglich machen konnten. Auch der Besuch bei ihnen, etwa zur häuslichen Abendmahlsfeier, war nicht immer einfach einzurichten.
Das Bild vom baltischen Menschen als idealem Hoffnungsträger einer kulturellen Zusammengehörigkeit Europas, das seit meiner Begegnung als Student mit Adolf von Harnack für Jahrzehnte in meinem Unterbewußtsein geschlummert hatte, fand erneut Konturen, als ich auf Spurensuche im County Louth in Collon auf den Fürsten Lieven traf. Einst russischer Gouverneur in Livland, war er auf der Flucht vor den Bolschewisten über Schweden nach Irland gekommen und hatte mit orthodoxen Verwandten ein russisches Seminar aufgebaut, für das sein Sohn, im Foreign Office in London in der russischen Abteilung tätig, Diplomatenanwärter als Studenten vermittelte. Der Fürst, eine ehrwürdige Patriarchengestalt mit schloh-

weißem Haar, war in fast allen Sprachen und Kulturen Europas zu Hause und verband weltläufige Lebensart mit einem tiefgläubigen, lutherisch geprägten Christentum. Es war bewegend, wenn er, trotz körperlicher Behinderung, zuweilen zum Gottesdienst in St. Finian's kam und uns anschließend im Pfarrhaus besuchte. Ins Gästebuch schrieb er die selbstverfaßten Zeilen:

Es kommen und eilen die Jahre dahin
wie Schatten im Nebel der Zeiten,
wo kommen sie her, und wo gehen sie hin
in Welten so wüst und so weite?
O, zeig mir den Weg zu dem himmlischen Zelt,
zum Throne des göttlichen Wesens!
Denn dort ist die Heimat, die Werkschaft der Welt,
die Quelle des ewigen Lebens.

Südöstlich von Collon, auf dem Weg nach Drogheda, liegt wenige Meilen entfernt Monasterboice, eine der ältesten Klosteranlagen Irlands, eine Gründung des 5. Jahrhunderts. Auf engstem Raum stehen drei Hochkreuze, zwei Kirchenruinen, ein Rundturm, zwei Grabsteine und eine Sonnenuhr beieinander. Das Kreuz des Muiredach, wohl das schönste aller keltischen Kreuze, ist unvergessen geblieben. So groß war die missionarische Kraft dieser keltischen Christen, daß sie die vorchristlichen Megalithen ihrer Vorfahren benutzten, um auch denen, die nicht lesen konnten, eine gewaltige Bilderbibel aus Stein zu schaffen. Die Datierung ist relativ einfach, da über dem Sockel der Name Muiredach steht, der nach den zuverlässigen Annalen von Ulster 922 starb.
Kurz vor Drogheda, wo der Mattock in die Boyne fließt, fuhren wir über das Gelände der Entscheidungsschlacht, in der sich Wilhelm von Oranien und Jakob II. in erbittertem Kampf gegenüberstanden. Verschwägert, erhoben sie beide Ansprüche auf den englischen Thron. In der Nähe des beschädigten Obelisken, der an das Ereignis erinnert, wohnt heute ein englischer Major als Gutsherr. Bei ihm hatte eine deutsche Flüchtlingsfrau aus Schlesien Zuflucht gefunden, lebte aber unter für sie immer unerträglicher werdenden Verhältnissen. Wir haben sie daraufhin in unser Haus nach Dublin geholt.
Drogheda rivalisierte in der anglo-normannischen Zeit mit Dublin als Hauptstadt, hatte sich sogar Universitätsrechte geben lassen und wurde dann später das unglückliche Opfer der Vergeltungspläne Cromwells. Heute ist sie eine lebendige Industrie- und Hafenstadt. In

ihr unterhielt seit vielen Jahrzehnten ein schwäbisches Ehepaar eine kleine Metzgerei. Sie hatten, bedingt durch zwei Kriege, jeden Kontakt zur deutschen Heimat und Kirche verloren und freuten sich wie Kinder, als wir sie ausfindig gemacht hatten, freuten sich auch besonders darüber, daß wir sie in unsere Betreuung aufnahmen, weil sie den Weg zur Kirche nicht mehr wagen konnten.
In meinen Pennälerferien interessierte mich die Genealogie der Pferde auf ostpreußischen Gütern weit mehr als die ihrer Besitzer. Etwa 20 Jahre später habe ich das Ostpreußische Tagebuch von Graf Lehndorf gelesen, das mich wie kaum ein anderes nach dem Krieg gefesselt hat. Die nächsten Verwandten des bekannt gewordenen Autors traf ich in – Irland in Borris-In-Ossory. Ein irischer Pfarrer hatte mich auf sie hingewiesen. Hier hatten in der Tat Graf und Gräfin Dönhoff wieder Fuß gefaßt. Ich fand bei ihnen keine Klage, keine Anklage, kein Nachtrauern, aber harte Bauernarbeit, die Gräfin beim Füttern des Hühnervolkes, den Grafen im Pferdestall und schon den Beginn einer neuen erfolgreichen Pferdezucht. Sie waren auch an meiner Aufbauarbeit interessiert, für sie wurde der Weg zur Kirche nie zu weit, auch als sie später in größerer Entfernung einen ausgedehnten Besitz verwalteten. Die freundschaftliche Beziehung hat die Jahre in Irland überdauert.
In St. Finian's trafen sich nunmehr fast sonntäglich europäische, auch amerikanische Touristen, ebenso Teilnehmer, manchmal Präsidenten von Kongressen, die in Dublin stattfanden, u.a. der Verleger Friedrich Wittig vom Börsenverein des Deutschen Buchhandels und Albrecht Freiherr von Maltzahn, Präsident des internationalen Jagdrates. Es kamen aber auch Besucher, die nur für eine Amtshandlung weltweit anreisten: einmal eine Braut, die aus Bangkok zum Traualtar einflog, ein anderes Mal aus New York die Großeltern eines Zwillingspärchens, das von seinen Eltern aus Paris zum Taufstein gebracht wurde. Die Taufgemeinde hatte außer St. Finian's keine Beziehungen zu Irland und hielt wohl unsere Kirche für den idealen Treffpunkt in der Mitte zwischen dem europäischen Kontinent und den Vereinigten Staaten. Internationales Echo löste die Ankündigung einer Trauung mit ungewöhnlichen Begleitumständen aus. Ein deutscher Musiker vom irischen Rundfunkorchester hatte seine Braut aus der damaligen DDR unter seinen Wagen gebunden und durch die mörderische Grenze in die ersehnte Freiheit gefahren. Eine ununterbrochene Kette von Anfragen, Anrufen und Telegrammen der Reporter und Photographen bedrängte Pfarrhaus und Brautpaar, so daß

wir uns entschlossen, den Termin vorzulegen, um die Trauung in würdigem Rahmen begehen zu können.
Bei einer anderen in meiner Erinnerung haftenden Trauung hatte die Beziehung mit einem Strafmandat vor dem Rathaus in Bremen begonnen, das ein pflichtbewußter Polizeibeamter einem falsch parkenden Auto anheftete. Als die junge Besitzerin dazukam, erfolgte eine spontane Auseinandersetzung, aus der sich eine freundliche Korrespondenz und später eine Verlobung entwickelten. Wir trafen das Paar, das gern in Irland heiraten wollte, aber von unserer Existenz nichts wußte, auf dem Besitz der Mutter der Braut in der Nähe von Wexford. Ob sich denn wohl die Hochzeit in der kurzen Woche, die der Urlaub noch währte, vorbereiten und schaffen ließe, fragte mich besorgt und hoffnungsfroh die Braut. Ich sagte zu, und meine Frau versprach, für die äußeren Vorbereitungen die Verantwortung zu übernehmen: Hotel, Hochzeitsessen, Hochzeitskutsche, Hochzeitsstrauß. Es wurden aufregende vier Tage, die uns noch blieben, aber es klappte alles, und auch die Trauzeugen stellten sich aus den Gottesdienstbesuchern zur Verfügung. Schelmisch-hoffnungsvoll fragte einer am nächsten Sonntag beim Betreten der Kirche: „Soll ich heute wieder aushelfen?"
Ganz unerwartet erfüllte sich für uns in Dublin ein für unerfüllbar gehaltener Wunschtraum: der Besitz eines Gemeindehauses direkt neben der Kirche. Bei einem Urlaubsaufenthalt in Deutschland erreichte mich ein Anruf Schwester Margas, das Haus neben der Kirche stehe zur Versteigerung an. In der Erkenntnis, daß es sich hier um eine einmalige und wohl nie wiederkehrende Gelegenheit handelte, war ich fest entschlossen, sie unter allen Umständen zu nutzen, und bat den Kirchenvorstand durch Schwester Marga, das Haus in jedem Fall zu ersteigern. Zurückgekehrt erfuhr ich enttäuscht, daß der Kirchenvorstand sich nicht hatte entschließen können, das hohe Risiko einzugehen.
Nun mußte ich in eigener Verantwortung handeln und zunächst herausfinden, wer das Haus ersteigert hatte. Ein wohlhabender Landwirt aus der Umgebung hatte nur sein Geld anlegen wollen, und ich konnte ihn überreden, mir das Haus mit einem relativ geringen Aufschlag zu überlassen, aber es mußte sofort bezahlt werden, und mit Hilfe eines Kredites der Bank of Ireland konnte ich die Anzahlung leisten. Die Zusagen vom kirchlichen Außenamt und Lutherischen Weltbund, eine Beihilfe in ihren nächsten Etat einzusetzen, waren tröstlich, aber halfen mir im Augenblick wenig, und ich wäre wohl

im Schuldgefängnis gelandet, wenn mir nicht in letzter Minute Bischof Kunst und andere gute Freunde wie auch der Martin-Luther-Bund ganz unbürokratisch aus der Not geholfen hätten.
Das Haus war tatsächlich Pfarrhaus gewesen. Es bot uns eine Schwesternwohnung, Gemeindesitzungs- und Bibliotheksraum, und im Basement waren noch drei kleine Wohnungen zu vermieten, mit deren Erlös wir die laufenden Kosten und die Steuern zu bezahlen hofften. Hilfs- und opferbereite Gemeindeglieder beteiligten sich, oft nach Feierabend und bis in die Nächte hinein, an den Reparatur- und Malerarbeiten. Oft schien es wie ein aussichtsloser Wettlauf mit der Zeit, aber schon bald hatte Schwester Marga ihre kleine, hübsche Wohnung bezogen, die Souterrainwohnungen waren gut vermietet, und in den Gemeinderäumen entwickelte sich schnell ein munteres Leben der Jugend- und Gemeindegruppen.
Das Gemeindehaus brachte eine deutliche Entlastung für das Pfarrhaus, in dem bisher alle Veranstaltungen außerhalb der Gottesdienste stattgefunden hatten. Hier wurden in allen Jahren an jedem Dienstag junge Menschen zu einem offenen Abend eingeladen. Nach der Bibelarbeit wurden die Probleme, die die jungen Leute beschäftigten, bei irischem Tee oft bis in die Nacht hinein diskutiert. Wenn etwa ein Mädchen aus dem Kreis einen moslemischen Partner heiraten, ihm in seine Heimat folgen wollte und alle Komplikationen in ihrer Verliebtheit übersah. Im Pfarrhaus wurden auch die Spiele, die meine Frau für die jährliche Adventsfeier vorbereitete, eingeübt. Einer unserer jungen Leute, Vertreter einer großen Firma, nahm das Spiel sogar auf Tonband auf, um es seiner Mutter und Braut nach Hamburg zu schicken, weil sie sonst nicht glauben würden, daß er bei der Kirche mitmache. Die Zugehörigkeit zu unserem Kreis hatte erstaunlicherweise eine positive Nebenwirkung bei den Gastfamilien unserer jungen Mädchen. Sie wurden achtungsvoller behandelt und weniger ausgenutzt, wenn das der Fall gewesen war.
Nichtdeutsche Teilnehmer, oft in der Mehrzahl, erzählten von ihren Heimatländern und den Bedingungen der christlichen Kirchen dort, wie Mr. Jackson, der mich auch zur Befreiungsfeier seines Landes im Kreis seiner Kommilitonen eingeladen hatte, vom unterwandernden Vordringen des Islams an der Ostküste von Tansania. Mr. Jackson war öfter auch in unserer Familie zu Gast. Bei seinem ersten Besuch, wir kehrten etwas verspätet heim, erblickten wir unsern sonst eher scheuen Jungen auf seinem Schoß, beide fröhlich singend: „Twinkle, twinkle, little star." Kleine Kinder kennen wohl keine rassischen Vor-

urteile. Zwei estnische Teilnehmerinnen erzählten von ganz anderen Sorgen, vor allem von der immer wieder verweigerten Ausreise ihrer Mutter aus dem sowjetisch besetzten Estland, die sie zu sich holen wollten. Sie waren Sekretärin und Wirtschafterin bei Lord Talbot of Malahide, einem direkten Nachfahren des bei Maria Stuart erwähnten Talbot. In seinem historischen Schloß bewahrte er kostbare Schätze, die einst Maria Stuart gehört hatten, so einen Klappaltar von Dürer und ihr Gebetbuch, das sie aufs Schafott begleitet hatte.
Wie in der Gemeinde, so war auch im Pfarrhaus improvisierendes Handeln, in dem die Hausfrau geradezu eine Meisterschaft entwickelte, nicht nur empfehlenswert, sondern absolut notwendig gewesen. Wenn etwa Konfirmandeneltern ihre Kinder zum Unterricht im Pfarrhaus absetzten, um sie nach ihren Einkäufen in einigen Stunden wieder abzuholen, oder auch wenn unerwartete Besucher spät abends auftauchten und Hilfe brauchten. Den Höhepunkt aller Schwierigkeiten bescherte meiner Frau der Tag, an dem Wasser der See bei einem schweren Gewitter das Pfarrhaus bis zu einem Meter Höhe überflutete und sie landeinwärts – ich war in Deutschland – zu Freunden übersiedeln mußte mit einem Dreimonatsbaby und dem fünfjährigen Sohn, um dann nach ihrer Rückkehr in vielen Wochen mit tatkräftiger Unterstützung hilfreicher Gemeindeglieder die Wohnung wieder zu dem zu machen, was sie gewesen war und wieder sein wollte: ein einladendes Pfarrhaus nach dem Leitwort der Zisterzienser: porta patet, cor magis.
Nur scheinbar siedelte der Religionsunterricht, den meine Frau und ich an der Deutschen Schule in je zwei Stunden donnerstags und freitags gaben, am Rande unserer Tätigkeiten. Wir hielten ihn für sehr wichtig, auch im Blick auf die vielfachen Möglichkeiten der Begegnung mit den jungen Familien, aus denen unsere etwa 20-30 Schüler kamen. Neben den normalen Schulfächern mußte auch unser Klaus Dieter (1958), wie alle seine Mitschüler, den Kampf mit der schon im Schriftbild so völlig fremden gälischen Sprache aufnehmen. Er hat im übrigen aus seiner irischen Jugendzeit vielerlei Eindrücke aus Schule, Gemeindeleben, von fremdländischen Besuchern in Familie und Kirche bewahrt, ebenso glaubten wir bei unserer Tochter Adelheid (1963), für die Schule noch zu jung, später untergründige, oft spontan auftretende Einflüsse des irischen Ambiente feststellen zu können.
Fast täglich ankerten größere oder kleinere Schiffe aus Deutschland im Hafen von Dublin. Daher war es für mich ganz selbstverständlich, daß ich die Bitte der Zentralen der Seemannsmission in Hamburg

und Bremen, zusätzlich auch ihre Arbeit zu übernehmen, ohne zu zögern, annahm, und ich fuhr wenigstens einmal in der Woche hinaus, um mich um die Seeleute zu kümmern und mit ihnen ins Gespräch zu kommen, das ich in der Regel zuerst mit den Kapitänen suchte. Einer von ihnen, ein trinkfester Hamburger, überraschte mich bei der ersten Begegnung mit der von erheblichen Zweifeln begleiteten Einladung: „Trinken Hochwürden nur Hallelujawasser oder auch einen anständigen Schnaps?“, und meine Antwort darauf: „Wenn Sie Sonntag bei mir in der Kirche sind, Herr Kapitän, trinke ich jetzt einen anständigen Schnaps mit Ihnen.“ Meine vertrauensvolle Vorleistung garantierte keinen Erfolg, aber am Sonntagmorgen war mein Kapitän mit zwei seiner Leute in St. Finian's und an jedem Sonntag, an dem sein Schiff in vierteljährlichem Abstand im Dubliner Hafen anlegte. Da in jenen Jahren die Liegezeit im Hafen noch Tage dauerte, freuten sich alle, wenn sie vom Seemannspastor auch privat zum Tee und öfter zu Fahrten in Dublins Umgebung eingeladen wurden.
Um mich bei meinen Besuchen auf den Schiffen nicht erst vorstellen zu müssen und um sofort als Pfarrer erkannt zu werden, trug ich den geistlichen Kragen. Einmal hörte ich beim Weg über die Gangway, wie ein Maat seinen Nachbarn verständigte: „Jesus Christus kommt an Bord.“ Damit war wieder einmal die Tür für Gespräche über Gott und die Welt weit offen.
Einem Seemannspastor begegnet man auch mit ungewöhnlichen Anliegen. Da hatte auf einem schönen großen Frachter der dritte Offizier seine Hafenbekanntschaft durch die streng kontrollierte Zufahrt des Zollhafens an Bord geschmuggelt. Nun mußte das Mädchen unbemerkt wieder an Land gebracht werden. Da sollte der Pastor helfen. Auf einem anderen Schiff konnte ich die Bitte gern erfüllen. Ein sehr junger Offizier bat darum, getauft zu werden, aber nicht in der Stille, sondern in voller Uniform vor der Gemeinde im Gottesdienst. Er stammte aus atheistischem Elternhaus in der DDR und wollte nun ein öffentliches Bekenntnis zur Kirche ablegen. Nach einigen Monaten, sein Schiff lag wieder im Hafen, bat er mich um die Konfirmation, wiederum in Uniform vor der Gemeinde. Beim nächsten Besuch brachte er dann seine deutsche Braut aus den USA mit.
Ein besonderer Höhepunkt für die gesamte Gemeinde war während des Besuchs des Segelschulschiffes „Gorch Fock“ der gemeinsame Gottesdienst, den sie mit Kapitän, Offizieren und Kadetten in St. Finian's feiern konnte. Wenig später brachte eine stolze Fregatte der schwedischen Marine einen jungen Offizier nach Dublin, der in der

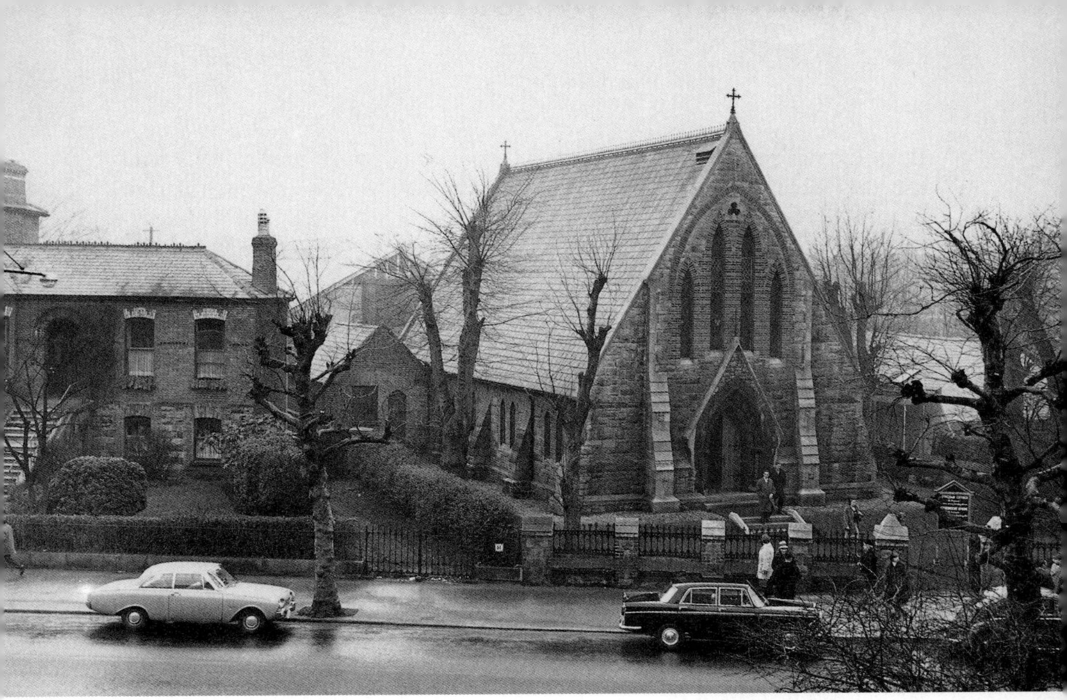

Abb. 13: Das „Zuhause" für zwölf Jahre: die St. Finian's Church in Dublin

Abb. 14: Kirchweihe in Dublin: (von links nach rechts) Bischof Dr. Lundström aus Strängnäs, der anglikanische Erzbischof Dr. Simms aus Dublin, Dean Schäffer aus London

Botschaft seines Landes seinen 21. Geburtstag feiern wollte. Wir freuten uns über die Einladung des Botschafters und wurden mit dem Kronprinzen Carl Gustav bekannt gemacht und durften in fröhlicher Runde seinen Geburstag mitfeiern.
Nach zehn Jahren hatten wir alles, was zu einer „etablierten" Kirche gehört: Pfarrer, fünf ehrenamtliche Organisten: Dr. Hans Waldemar Rosen, Heinz Langheld, Herbert Pöche, Friedemann Lembens, Detlev Rissmann, die abwechselnd den sonntäglichen Dienst versahen, einen ordentlichen Kirchenvorstand, Kirche, Pfarrhaus, Gemeindehaus und 500 eingeschriebene Gemeindeglieder, eine schmucke Kirche mit handgeschmiedeten Leuchtern (Geschenk eines Werkmeisters aus Killarney), silbernen Altargeräten (Geschenk von Familie Nies aus meiner alten Gemeinde Paderborn), Teppichen, Lesepult und handgestickten, eigens entworfenen Altarparamenten und sogar ein ganzes Kirchenfenster, alles Geschenke aus der Gemeinde oder von auswärtigen Freunden. Der schönste Schmuck der Kirche waren freilich die gut besuchten Gottesdienste am Sonntag in Dublin. Dazu kamen unregelmäßige Gottesdienste während der Woche in Cork, Killarney, Waterford, Limerick. Unser alter Stützpunkt in Belfast wurde von 1960 an selbständig versorgt. In Dublin hatten wir im letzten Berichtsjahr 1965: 8 Taufen, 7 Konfirmanden, 3 Trauungen und 2 Beerdigungen. Die Zahl der Gottesdienstbesucher betrug 2.732, die Zahl der Abendmahlsgäste 926. Die durchschnittliche Besucherzahl am Sonntagmorgen lag zwischen 50 und 60.
Der Lutherische Weltbund rechnete uns jetzt zu seinen anerkannten Gemeinden, und im Kirchlichen Außenamt war auf Dr. Niemöller Präsident D. Wischmann gefolgt, der uns den Weg zu einem vertrauensvollen Vertragsabschluß am 1. August 1962 öffnete, in dem unsere besondere, von den englischen Verhältnissen zu unterscheidende Lage berücksichtigt und unsere Verfassung anerkannt wurde.
Gelegentlich gelang es uns auch wohl, als lutherische Kirche in der Mitte zwischen den Konfessionen vermittelnde Brücke unter den Kirchen in Dublin zu sein. Ein gutes schwesterliches Verhältnis zu den Anglikanern war unserer Gemeinde in St. Finian's eigentlich a priori vorgegeben, es wurde auf allen Ebenen praktiziert. An ihren Gottesdiensten, besonders in St. Patrick, St. Bartholomew und Trinity College, wirkte ich gelegentlich gern und gern gesehen mit und war mit Erzbischof Dr. George O. Simms und Professor Fred E. Vokes, dem Neutestamentler an Trinity, unsere Familien eingeschlossen, befreundet. Auch bei einem Empfang im Lambeth Palace in London bedach-

te der Erzbischof von Canterbury, Dr. Fisher, unsere kleine Kirche mit besonderer Freundlichkeit. Auch mit der Methodistengemeinde an St. Stephen's Green bestanden gute Beziehungen.
Trotz des Vatikanums blieb ein gemeinsamer Gottesdienst mit den Katholiken nur ein Wunschtraum, aber ich durfte mich z.B. an dem Jahrbuch der Kapuziner 1967 mit einem Beitrag über „Lutherans and Ecumenism" beteiligen und hatte recht gute Verbindungen zu Rev. Michael Hurley SJ. und Rev. Dermot Ryan, dem späteren Erzbischof von Dublin, und auch zum Priesterseminar in Maynooth. Noch viele Jahre später, 1980 beim Besuch zum Jubiläum in der alten Gemeinde, erinnerte mich Pater Hurley SJ. daran, daß ich bei der Gründung der Arbeitsgemeinschaft der christlichen Kirchen immer wieder darauf bestanden hätte, auch die katholische Kirche einzuladen und aufzufordern, was damals bei den Protestanten in Dublin nicht selbstverständlich war.
Obwohl wir uns bewußt waren, auf wie schwachen Füßen unser junges Kirchlein sich noch bewegte, und auch wußten, daß das eigentliche Kirchenleben nicht von den äußeren Gegebenheiten, Statistiken und Garantien abhängt, freuten sich die Lutheraner in Irland über das Erreichte und beschlossen, das zehnjährige Jubiläum festlich zu begehen, dazu die Bischöfe und Präsidenten der mit uns befreundeten Kirchen einzuladen und Bischof Lilje, der mich vor zehn Jahren eingeführt hatte, um die Festpredigt zu bitten. Zum Festgottesdienst waren dann auch erschienen der Vizepräsident des Kirchlichen Außenamtes, der Präsident des Lutherischen Kirchenamtes, Vertreter des Lutherischen Weltbundes, des Lutheran Councils, der deutsch sprechenden lutherischen Synode in England, des Martin-Luther-Bundes, der Seemannsmission und benachbarter Kirchen der Stadt.
Eine kleine Festschrift, für die Herr Michelson seine Fotos zur Verfügung stellte, sollte herausgegeben werden. Statt der Druckfahnen für unsere Festschrift, die ich zum Korrekturlesen sehnlichst erwartete, kam Herr Michelson mit der Hiobsbotschaft, daß das Heft nicht zeitgerecht geliefert werden könne. Der Drucksatz in deutscher Sprache mache den irischen Setzern unerwartete Schwierigkeiten. Und dann glückte es, wie so oft in Irland, trotz aller Hemmnisse doch. Die bestellten Hefte trafen in der letzten Minute fast zeitgleich mit den ersten Gästen des Gottesdienstes ein.
Die Kirche war überfüllt, unter den Gästen auch der anglikanische Erzbischof Dr. Simms und Bischof Kastlund aus Stockholm. Und dann feierten wir mit Bischof Lilje einen Gottesdienst, so erfüllt von

allgemeiner dankbarer Freude, wie wir ihn in St. Finian's noch nicht erlebt hatten. Am Abend füllte sich der große Saal des Goethe-Institutes mit hohen Vertretern des geistlichen, kulturellen und auch politischen Lebens der Hauptstadt. Unser Bischof hielt einen Vortrag über die Aufgaben der Christenheit in der Welt heute. Dabei äußerten zufällig in meiner Nähe sitzende englische Professoren ihre staunende Bewunderung über das ausgezeichnete Englisch des Bischofs. Das Echo in der englischsprachigen Presse war gut, die drei großen Tageszeitungen Dublins schrieben wohlwollend über unser Fest, sie erwähnten auch die multinationale Prägung unserer Kirche. Hatten wir doch Mitglieder aus bis zu 15 verschiedenen Nationen unter unserem Kirchendach vereinigt.
Der Tag danach brachte einen Höhepunkt anderer Art. Bischof Lilje war zur Audienz beim Präsidenten der Republik, Eamon de Valera, gebeten, und ich durfte ihn begleiten. Wir hatten einen förmlichen Empfang erwartet und waren dann aufs höchste überrascht, in wie persönlicher Weise sich ein solcher Empfang in Irland abwickeln kann. De Valera begann mit einem Akt großherziger Toleranz, indem er den Bischofsring Liljes küßte, und als dann nach einem kurzen Bericht über die Situation unserer Kirche der Name Roger Casements mehr zufällig fiel, wuchs das Interesse de Valeras so sehr, daß er Bischof Lilje um einen ausführlichen Bericht bat, obwohl die protokollarisch vorgesehene Zeit längst abgelaufen war. Lilje hatte während des Ersten Weltkrieges als junger Vikar in der Marktkirche zu Hannover erlebt, wie der von den Engländern hingerichtete irische Freiheitskämpfer Roger Casement in das Fürbittengebet eingeschlossen wurde. Immer interessierter wollte de Valera, sichtlich bewegt, jede Einzelheit erfahren. Bischof Hanns Lilje war nicht nur unter den deutschen Bischöfen eine herausragende Gestalt, er hatte ein Charisma, dem sich auch Politiker und Persönlichkeiten aus dem technischen oder wirtschaftlichen Bereich nicht entziehen konnten. Er liebte detaillierte Zielsetzung und klare Disposition und besaß dabei, selten genug unter Protestanten, ein starkes Gefühl für die Würde des Amtes. Jedem Gespräch konnte er die wärmende Atmosphäre persönlicher Verbundenheit schnell vermitteln. Er war Bischof und Vater zugleich. Er wußte um die Notwendigkeit meiner Rückkehr nach Deutschland und bot mir, wenn der Zeitpunkt gekommen wäre, eine verlockende Stelle in der hannoverschen Landeskirche an: „Postkarte genügt." Die Entwicklung ist anders gelaufen, aber ich hätte mich gern unter seinen Hirtenstab begeben.

„An keinem wie an einer Heimat hängen" (Hesse). Die Grüne Insel war uns wie ein Stück Heimat lieb geworden. Die Zeugen frühchristlicher Glaubenskraft, die Hochkreuze, das „Book of Kells" hatten uns unwiderstehlich angezogen, unsere Liebe aber galt der Gegenwart, den schwermütig-fröhlichen Liedern am offenen Torffeuer, den scharfsinnigen Dialogen, der Harfenspielerin in Dukestreet, den singenden Marktfrauen und Händlern in Moorestreet.

Farewell Ireland

Und wir glaubten, den irischen Menschen zu verstehen, der sich nie drängen oder bedrängen lassen will, dem das hohe Gut seiner Freiheit wichtiger ist als Reichtum oder Besitz und der oft das wenige, was ihm geblieben, dem Gast oder sogar dem Bettler großzügig abgibt, der aber auch bereit ist, es leichtsinnig zu verwetten oder zu vertrinken. Irlands Nobelpreisträger W. B. Yeats, vor dessen schlichter Grabplatte wir auf dem Friedhof in Drumcliff gestanden haben, hat einmal sein Heimatland eine schreckliche Schönheit genannt. Auch wir hatten das Schreckliche am Schönen nicht übersehen können, hatten im Norden bürgerkriegsähnliche Zustände erlebt, auch die Explosion einer Bombe an der Grenze überstanden. Aber unsere Arbeit ist nie und nirgends, weder im Norden noch im Süden, jemals behindert worden.

Unsere eigentliche Bindung aber lag in der tiefen Verankerung in unserer kleinen, so bunt zusammengewürfelten Gemeinde, für die wir und deren Mitglieder für uns einstanden, wo und wie es möglich war. Nun nach zwölf Jahren konnten wir auf etwas schauen, was im heutigen Europa selten geworden ist: eine lebendige Gemeinde von Christen verschiedener Nationalität und unterschiedlicher Hautfarbe. Wir wären für immer gerne in Irland geblieben, wenn es die Ordnung der EKD, aus der ich nur für zwölf Jahre nach Irland beurlaubt war, gestattet hätte.

Das schönste Erlebnis in den Jahren meiner irischen Tätigkeit? Ein Sonntagmorgen in St. Finian's. Wie fast regelmäßig unter den Kommunikanten auf dem Weg zum Altar eine Professorin jüdischer Herkunft, die ihren Mann und einen Sohn in einem nationalsozialistischen KZ verloren hatte. Sie macht plötzlich eine abrupte Kehrtwendung. Sie muß etwas sie Erschreckendes gedacht oder gesehen haben. In der Tat, ein früherer SS-Mann nähert sich von der anderen Seite des Kirchenschiffes ebenfalls dem Altar. Aber nur wenige Augenblicke verharrt sie auf ihrem Platz, dann ist sie wieder unterwegs, und dann knien beide in der gleichen Reihe. „Für Euch gegeben, für

Euch vergossen." Nicht immer offenbaren sich die heiligen Möglichkeiten des Evangeliums in so sichtbar bewegender Weise.
Haben wir nach unseren zwölf Jahren von irischer Art etwas angenommen und bewahrt, wie Freunde uns glauben machen wollen? Mitgenommen haben wir sicher eine gewisse Distanz zu dem allzu rationalen und kommerziellen Denken der Bundesrepublik. Wir gehen auch mit einem gewissen mediterranen Einschlag, wie er in Irland spürbar ist, das Leben vielleicht leichter, unbeschwerter, auch fröhlicher an, haben auch ein tieferes Verständnis für die widersprüchlichen Facetten irischen Wesens, für die leidvolle Geschichte und die daraus resultierenden Gegenwartsnöte dieses Landes, das ein Musikinstrument in seinem Wappen trägt; und wir können niemals die bald melancholischen, bald wilden Landschaften Irlands vergessen, die auch den Charakter der Menschen in ähnlicher Weise geprägt haben.
Bei der Rückschau in späteren Jahren ist es nicht selten geschehen, daß wie aus unbewußten Tiefen das Traumbild altirischer Dichtung von der Insel der Seligen in uns erwachte und uns zurückrufen wollte in das Land unserer schönsten Erinnerungen:

„Es liegt eine Insel in weiter Ferne,
umflimmert von den Rossen der See,
eine Augenweide, ein prangendes Band."

Aus diesen nicht ungefährlichen Träumereien ruft uns auch heute noch der Dichter, wie damals vor Drumcliff den irischen Reitersmann, zu realistischer Besinnung: „Cast a cold eye on life on death, horseman pass by."
So müssen wir endgültig Abschied nehmen: „Good bye, Ireland, God bless you!" Tausendmal gehört und gesprochen: Insel der Heiligen und Rebellen in all deinen unglücklichen, tragischen Spannungen und Konflikten – und doch „glückliches Irland", jetzt endlich auf dem Weg zu einem dauerhaften Frieden.